夜经济新模式

轻资产不夜城点亮文商旅地

主编 贾云峰 刘磊

中国旅游出版社

主创组名单

主　　编：贾云峰　刘　磊
副 主 编：黄蓉蓉　刘　旭

封面设计：崔学亮　石海馨
版式设计：崔学亮　石海馨

序幕

PRELUDE

01
夜晚不应该是黑暗的，而应该像太阳一样明亮

02
发展高质量城市夜经济 呼唤更多企业家精神

PREAMBLE 1
夜晚不应该是黑暗的
而应该像太阳一样明亮

"轻资产不夜城"总设计师、锦上添花文旅集团董事长 **刘 磊**

1823年5月7日，当黎明降临德国城市不来梅时，天文学家海因里希·奥伯斯完成了一篇让他名垂青史的文章。

在那个特殊的清晨，奥伯斯得出了一个奇怪的结论：基于当时对宇宙的所有认知，夜空不应该是黑暗的，整个天空都应该像太阳一样明亮。这一结论，后来被称为"奥伯斯佯谬"。

2022年，在冥王星轨道之外、远离内太阳系尘埃的位置，新视野号太空探测器发现，天空的亮度是预期的两倍。因此，关于"夜空黑暗"这个跨越时代和文化的谜题，在今天依然存在。

3

夜晚，是用来疗愈的

人类在不同的历史时期对夜色有着不同认识。早期夜色是人们为了战胜自然灾害、躲避野兽而逐渐追求光明诞生的，如燧人氏钻木取火、怪兽年等故事传说。

后来进入人类文明时期，大量关于夜色的文字记载也开始出现，如李白的《静夜思》、张继的《枫桥夜泊》，再到近现代梵高的《星夜》、肖邦的《夜曲》等艺术佳作。

不同时期文明都经历过这种用想象力编织宇宙物语的过程。夜是纯粹的，它是自然的内部，独立于诸多表象当中。同时夜又无所不包，人类社会历史实践中所创造的物质与精神财富无一不从"空洞的夜"演变而来，夜包含了一切的"无"又显现了一切的"有"。

我渐渐地沉迷于朦胧夜色营造出的这种对立世界当中，因此我对夜色的研究也产生了浓厚兴趣，我期待寻求到一种属于自己的夜色表达法。

在我的夜色笼罩下的空间当中，太阳落下地平线，星球上的每个人都能够平等、自由、愉快地凝视夜空，观察夜色下自己生活的世界。在奇光异彩的灯火丛中，人们学会与黑夜共处、与他人共舞、与自己共频。

我是餐饮设计出身，曾是一名熬夜工作狂、深夜食堂爱好者，也是一名午夜买醉的人。那时对我来说，重要的是不要消耗人生的一分一秒，所以我一直都在探索夜间的可能性，反复问自己，夜晚到底意味着什么？

它意味着白天的延续？意味着工作外的八小时？还是觥筹交错或只是生命的周期更迭？

有一晚，我突然从案旁惊醒，意识到或许"夜"本身就是意义。我喜欢诗人顾城在《一代人》里的一句话："黑夜给了我黑色的眼睛，我却用它寻找光明。""夜"的意义不在于黑暗，而在于望向黑暗的双眼，去寻找光明。

对于大多数成年人来说，白天是生存，晚上才是生活。

当最后的一点夕阳也掉落地平线以下，城市整个开始翻页。写字楼开始熄灯、夜市酒吧五彩缤纷；咖啡馆昏昏欲睡、烤串店里生机勃勃。白天是人与人的合谋，夜晚则是个人的自由。

在西安刚创业那会儿，每晚加班，说实话那时我觉得有点儿孤独了，觉得活着太苦了。每晚下班后我都路过鼓楼胡同里一家小酒馆，二楼有个小档口，卖羊肉泡馍和肉夹馍。

在忽明忽暗的暖黄色灯光里，这个小档口总是人来人往、挤挤挨挨。有时一群哥们儿喝多了上来吵闹，要一碗泡馍填填胃；有时来一个和我一样刚加班结束，点个肉夹馍，坐在那里个把小时的女娃。而我也总是习惯一个人坐在店里靠窗的角落里，吃着泡馍就着蒜，看着这些晚归的人，也见证了他们的寂寞。

后来我意识到，聚在这里的年轻人，不是因为喜欢热闹，而是因为害怕寂寞。于是，"不夜城"的构建想法产生了，这是我很自豪的一个产品，也是孤独促成的想法：有没有这样一个空间可以缓解现代年轻人的孤独？

从餐饮设计过渡到文旅设计，我觉得旅游和夜一样包罗万象，往往能带给人足够的满足与快乐。为了缓解现代年轻人夜间的孤独感，我专做夜旅游，借助美食、表演、节庆、灯光展陈等娱乐形式，创造一个新奇特的第三空间，吸引四海八方游客，缩小人与人之间的社交空间，通过一首歌、一个舞蹈传递温暖与欢乐，让大家情感共振。

孤独的年轻人们，渴望现实的交会。

不夜城里的夜色五彩斑斓，它是城市匆匆脚步中一个微不足道的"顿号"，但对夜晚那些孤独的年轻人们来说，却是忍不住总想拿手机记录下的"感叹号"，"不夜城"让他们本来黑暗的夜空变得明媚光亮起来。

不夜城，是用来生活的

多年来我们的不夜城主要布局在三四线小城市，从我们的东北不夜城、木兰不夜城、"南宁之夜"、青岛"明月·山海间"不夜城等众多产品的运营收益和传播效果来看，均帮助县域发展赢得了巨大的社会口碑和产业经济效益。

今年我们在北京正式成立了亚太区运营总部，这标志着锦上添花文旅集团在亚太地区的布局迈出了重要一步。同时我们发布了"百城千县文旅融合赋能乡村振兴计划"，基于"不夜城""不夜村"两条产品线进行落地运营。

未来十年是夜经济发展的黄金时期，而如今内循环大市场逐渐下沉，县域消费空间发展巨大。不夜城通过聚集周边人、财、物等资源，拉动当地消费同时，也创造了众多就业岗位，吸引年轻人回乡创业，从而大大带动县域当地经济的良性循环。

与此同时，我们更是下沉到乡村，通过"不夜城点亮乡村"计划打造一条新线"绿水青山不夜村"，让乡村的夜晚明亮起来、美丽起来、热闹起来，更是为了让乡村孩子们能够有尊严地在家门口就业。

曾经在一次项目执行中，遇到一个打铁花的少数民族男孩，在演练时被溅出来的火花严重烫伤，本来通知让他回去休息一段时间，没想到他在医院待了两天后立马回到他的岗位继续工作。我当时就特别心疼他，其实在我们项目中这样的孩子有很多，他们都是从老家出来一直跟随着我们，而我的目标也是希望有一天能将不夜村带到他们家门口，让他们在家门口就能够实现工作自由。

不夜城以文旅商共同助力乡村振兴，主客共享带动共同富裕为原则，带动当地实体消费高质量发展，带动当地老百姓就地就业。所以，我希望不夜城（村）不仅点亮城市与乡村，更能点亮他人，包括每一位游客和员工。

虽然我现在还不能确定奥伯斯的发现是不是佯谬，但我能确定的是：不夜城里的夜晚不是黑暗的，而像太阳一样明亮！

PREAMBLE 2
发展高质量城市夜经济
呼唤更多企业家精神

联合国世界旅游组织专家 教授 **贾云峰**

我研究经济学将近30年，中国经济发生了一个奇妙变化，从一个新兴的转轨经济体跻身到全球第二大经济体。如今中国经济告别狂飙突进的高增长年代，从两位数增长逐级回落，直到进入5%~6%的增长平台。

套利时代正在远去，未来支持增长的唯一驱动力就是创新，第四次工业革命向中国展示了一个想象空间巨大的新战场，悬念在于谁能够创造出更伟大的产品和企业。

国家的经济成长发展，要靠市场，而市场经济的核心推动力量、组织者，就是企业家。任何一个国家，只有把企业家精神激发出来，鼓励那些最有才能的人去打市场，经济才有可能很快发展起来。

企业家精神造就中国经济奇迹

经济增长的本质是新产品、新技术和新产业不断出现和创造的过程。近几年夜经济作为一种新业态，拉长了城市营业时间，把消费交易活动延伸到晚上，成为拉动消费的新空间。夜经济也因此成为中国经济发展和创新研究的可深入领域，无数新兴产业由此衍生。

初识刘磊源于圈内一则火热推文，"不夜城成为最热门的旅游目的地之一：2021年疫情之下，吉林省梅河口东北不夜城，仅用17天时间'无中生有、有中生新'打造的文旅新物种，仅开园5月到10月的情况下，人流量统计408万人次，2022年依旧疫情之下，人流量统计超过2021年达到420.6万人次，其建设速度和轰动效应被誉为国内文旅圈奇迹"。

夜经济是近年来新兴的经济形态，指在夜间经营的商业、文化、娱乐等产业，如酒吧、夜市、夜景、夜游、夜间演出等。这个产业原来是没有的，企业家是直接发现者和推动者。但随着市场趋于平衡，利润与机会逐渐减少，夜经济市场逐渐陷入内卷。而刘磊的"轻资产不夜城模式"形成一种新的夜生活空间，打破了原有市场平衡，创造出新的、潜在的均衡点。

凭借多年对市场经济钻研的敏感性，再加上疫情影响，市场长时间的消沉，这则推文强烈勾起我的好奇，好似捕捉到了一只"新鲜实验品"的兴奋。后来了解得知"不夜城"创始人刘磊与我同从事文旅策划，他在全国各地创造不少文旅爆品，如上面"2021中国旅游休闲街区创新发展案例：吉林省梅河口市东北不夜城""大宋不夜城"、青岛"明月·山海间"等，刘磊身上流露出的"不安分的创造力"正是我一直寻找的企业家精神。

为了对真实夜生活市场有一个正确的理解，我认真研究刘磊的不夜城模式，它让我对主流夜经济有了一个范式的改变。我经常认为现在改革也是这样，有时候是思路问题，顶层设计不对，方案再怎么缜密也没有用。就好像我们从小到大接受的是传统经济学训练，原先我始终想在一个标准的经济学框架当中解释企业家。后来我恍然大悟，其实我们不能从哪个标准去解释它，我们用标准的经济学理解不了像刘磊这样的企业家。

企业家决策是没有标准答案的，甚至说大部分人都认可的事情就不是企业家做的事情，不是企业家决策。刘磊的"轻资产不夜城模式"一开始可能只是想降低生产成本或者让旅游者体验更好，并不是想做出什么范例去改变行业，但最后他真的可能改变了某种既定模式，而且改变的程度超出任何人最初的想象。

企业家精神的核心是创新，是去做别人没做过的事。有这种精神的人去从事生产经营等经济活动，就是企业家。这个时代显然比过去任何时候都更呼唤企业家精神。

企业家是实现共同富裕的英雄

我们认识企业家、理解企业家，成为非常关键、非常重要的问题。企业家决策不是给定约束条件下求解，而是改变约束条件。他们面临的是一个完全不确定的世界，只有选择去冒险，仅靠胆大是不行的，需要有更宽的视野、对未来的把握、对客户需求的理解，这些变得更为重要。

我在多年研究过程中感受到，如果说传统社会的英雄是将军，那么市场经济的英雄就应该是企业家。

某种意义上来说，企业家做的就是给人有尊严生活的机会。因为什么有尊严？企业家创造了劳动机会，接收劳动力打工，让他理直气壮凭着自己本领去赚钱。所以，我就非常认同《夜经济新模式》中提到的观点："文旅的本质就是客流量和经营，最终的结果就是要赚钱。"

以书中武汉市黄陂区木兰不夜城为例，开街不足一个月的时间，接待游客便已经超过了32.5万人次，创造了近5000万元的效益。木兰不夜城大火带动周边经济发展，也创造了大量的就业机会和岗位，如特色小吃、服饰租赁、民宿休闲、露营体验等。景区内各个商铺前门庭若市，大量游客的到来，也让商户的生意好到爆。许多当地村民通过经营民宿、农家乐、商铺等大大提高了收入，日子越过越红火。

"创新理论"鼻祖熊彼特说，创新不是平稳的，创新是有波动的。新产业基本都是新企业家、年青一代创造出来的，这些人本质上都是一样，就是不安现状、雄心勃勃，也敢于冒险的一批人。经济下行时期，这恰恰是一种驱动器，于是就有越来越多的像刘磊这样的创新企业家出现。

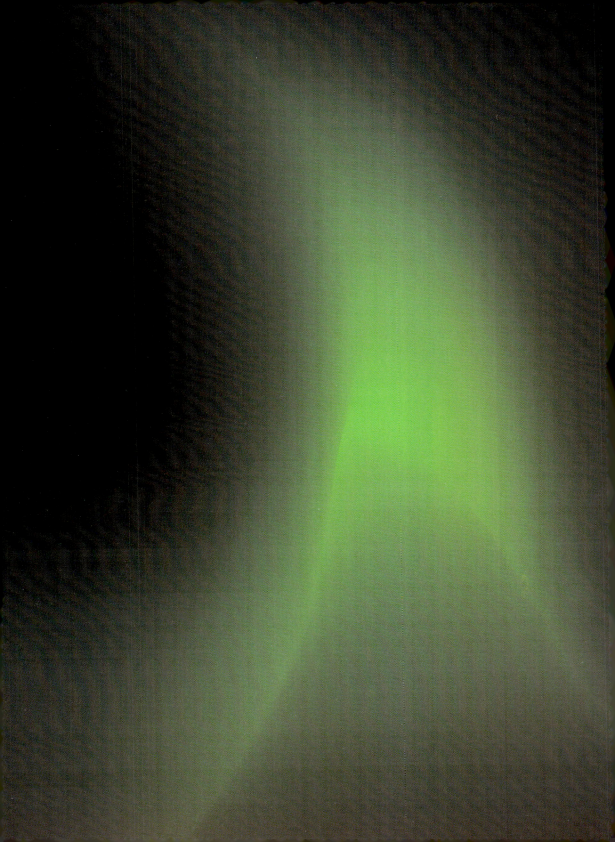

前言

PRELUDE

今夜 就是最好的安排

PREFACE
今夜
就是最好的安排

联合国世界旅游组织专家 教授 **贾云峰**

传说远古蛮荒时期，夜色一片漆黑，燧人氏钻木取火改变人类的生产生活方式，掌握了火的原始人类焚林而猎、烤生而熟，使得人类文明进入一个前所未有的新高度。

1879年，爱迪生发明了世界上第一只实用的白炽灯，人类从真正意义上征服了黑夜，实现了"光明自由"，灯成为人类史上最伟大的发明之一。灯在21世纪的广泛使用大大延长了人类活动时间，夜色开始丰富了起来。

2019年，刘磊在"人民日益增长的美好生活需要和消费市场疲软下行"的矛盾中创造了夜生活新物种——轻资产不夜城，人们追求的高质量夜生活方式逐渐显现。

对夜的迷恋

最初关注到刘磊及其"轻资产不夜城"源于我对夜色的特殊迷恋。

13

我喜欢夜晚胜过白天，我喜欢夜晚能让光线自由表达的奇异景观，我喜欢夜晚能让我们浮想联翩的神秘力量……我一直认为夜晚的自己才是真实且自在的自己。

　　在每个失眠的午夜，我总是想起伍迪·艾伦导演的《午夜巴黎》，我幻想着自己身处烟雨朦胧的艺术巴黎，星星点点的街灯忽明忽暗，音像店里时断时续的曲调悠扬老派。当午夜时钟铛铛敲响，一辆开往黄金时代的老爷车朝我驶来，一种神秘的召唤让我也会选择和吉尔一样钻进去，和那个时代的海明威、毕加索、达利、布努埃尔、菲茨杰拉德夫妇们喝酒畅聊、写作绘画、乐此不疲。

　　对夜晚的迷恋越多，我就越是陷入一种迷茫的梦境当中，不可自拔。由于联合国世界旅游组织总部在西班牙马德里，所以每年我需要在那边工作两个月，位于欧洲西南端的马德里使用的是格林尼治时间，晚上9点半才会日落，这里的人喜欢在夜生活的屋脊上流浪。

　　正像海明威小说里所写："在马德里，不到天亮是没有人睡觉的。"我经常怀着对夜色的酷爱与追求，行走在马德里的大街小巷寻找梦境的谜底。

　　马德里的夜色华丽璀璨，如同我梦中的午夜巴黎，回荡着霍达舞曲、赛基蒂拉舞曲的热情旋律。走累了，随便找个街边小酒馆，坐下来抿一口果香四溢的桑格利亚、吃几口香脆可口的Tapas、读一本刚从路边书摊淘来的旧杂志，怀着能与上世纪的某个人结下不解之缘的憧憬，就这样在异国他乡度过了一个又一个的不眠之夜。

　　有人说艺术家有两个世界：一个是自己虚构的世界；一个是现实的世界。当两个世界发生碰撞时，总要取舍和抉择。

　　后来工作中的一次偶然机会让我触碰到夜的真实心跳，也让我对夜色主义的思考更加理性与公正。

　　一部以都市夜色为主题的纪录片题材促使我在半夜12点后的城市街头寻访与拍摄。从烧烤大排档逐渐收摊开始，到各种各样在黑暗中喘息的人——卧倒在马路边胡言乱语的醉汉、歌舞厅成群结队下班的女孩、空洞街头飞奔疾驰的外卖小哥……这些夜幕下的人们脱下白天美好秩序的外衣，尽情表露出生活的本质，也让我迷惑起自己在"宇宙中的位置"。

以前，我总将夜晚作为能够穿越现实的理想时空，《午夜巴黎》电影中有句台词倒是提醒了我："认为别的时代比自己现在生活的时代更好，是那些无法应对当前生活的人所产生的浪漫主义精神。"因此我尝试将夜色融入我的工作内容，回归更加现实思考，如何打造出更加美好的、普世的、价值的"大众夜色"？

最好的遇见

21世纪是人类的文化发展极为多姿多彩的一个时代，我从事文旅行业三四十年，受聘于中国15个省200多个市县顾问，也曾参与打造"好客山东""老家河南""清新福建""美丽中国之旅""衢州有礼""美好生活看信阳"等众多文旅品牌，不知何时，突然间我发现"夜经济"成为政府与企业争相开发对象和大众市场消费热点。

相关数据表明，夜间消费是白天的3倍。文旅从业者们，一方面创作反映新人群消费特征为主题风格的商业产品；另一方面创作强烈表现自我风格的艺术品。这些作品给文旅行业以崭新的面貌形成许多新经济形态，其中夜经济为人类休闲开拓出的新空间，建立起一种新的夜色美学。

或许，夜色与文旅相结合，能发挥出它更大的普世价值。与此同时我逐渐加强夜经济相关市场方面研究，也是在此过程中，我发现了一个文旅市场爆品——轻资产不夜城，以及其背后缔造者刘磊。

首次见面，我发现我重理论研究、他重产业实践；我偏模式提升、他偏实际效益，我们一拍即合，通过实际走访，了解各地的不夜城设计运营过程，调查社会市场效益等情况，在"轻资产不夜城"现象级产品上提炼出指引城市夜经济发展的"城市聚场经济学"，获得行业广泛关注，并助推"不夜城"在全国像火种般蔓延开来。

2023年6月，刘磊的又一个不夜城开街。我当时正好在青岛出差，顺便来到现场调研一下。入夜的青岛清新爽阔，山海间长风万里。地铁8号线附近的"明月·山海间"不夜城，五彩缤纷的彩灯牌楼与银白色的月光交相辉映。舞台上的演员们面容雅致、长袖飘飘，像极了《山海经》里飞来的巫山神女。

现场比肩接踵的人群拍照欢呼，鼓掌尖叫。以往在新闻媒体上看到"不夜城"的华丽夜场，来之前早已摩拳擦掌、做好奋身挤入的准备，可现场那看不到尽头的人海和极致繁华的街景还是令我叹为观止。

这一晚亮丽的夜色，五彩斑斓的灯光下闪烁着蹦跳动感的音乐让我很快加入这个城市的狂欢当中。此刻我明白好的夜生活是健康的，是精神层面上的新生活，和白天生活相比，夜生活更具城市人文气息，是我们提高生活质量不可或缺的一部分。

刘磊及其"轻资产不夜城"创造的奇迹让我更加认可"轻资产不夜城"打造的夜色美学兼具社会与产业效应，于是我们深化合作并研究出"中国夜经济特色美食街区标准"，在全国进行美食街区的标准化建设。

中国梦舞台

凭着一颗对夜色无比沉迷而执着的心，我坚信以不夜城商业实践的形式去理解探索一座城市中夜色的奥秘是一项伟大使命，它兼具全民美育与产业反哺功能。

这本《夜经济新模式》基于刘磊及其"轻资产不夜城"的构建理论，剖析不夜城最终成为大众追捧的夜生活消费形式的形成过程，从而倡导以不夜城的"夜色美学"来发展一种城市更新。

艺术来源于生活，而高于生活。不夜城倡导的夜色美学不是生搬硬套，而是从本地生活文化中提取出的有意义内容，通过提炼、加工和再创造，最终形成全网认可的"不夜城效应"。

如果说"轻资产不夜城"的"夜色美学"的形成源自城市夜生活里繁华的诗境，那么其中包含的各商业产品便是叙述这现实中夜色生活的一种演艺。

拿青岛"明月·山海间"不夜城举例，运营期间每日达到1万~5万客流，仅6月就有累计超过100万市民游客到访。夜生活的活跃程度已日益成为城市发展水平、投资环境和居民生活质量的重要标志，它也是拉动城市经济增长的重要引擎，同时为更多人带去有尊严的生活权利。

有位诗人朋友和我说过一句话："活到今天，要去信仰是困难的，而不去信仰是可怕的。"夜色里，一颗流星划过漆黑夜空，留下长长印记，于是我闭上眼，悄悄说出最初的那个梦想。

美丽的不夜城在向我招手，今夜，我将去往何处？

Directory

目录 CONTENTS

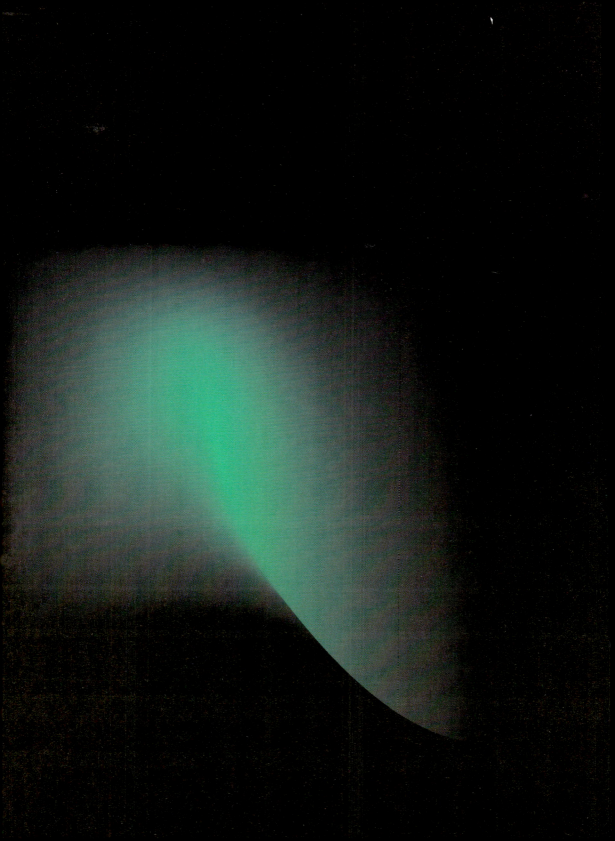

夜现象

第一幕 ACT 1

NIGHT PHENOMENON

不夜城，是城市空间中一个未知的能量场，它如同一个黑洞，源源不断吸收着外部能量，同时也向外部发射着光与热。其缔造团队"锦上添花"，是一群承载着拯救孤独人类梦想和物质现实的团队，他们用一次又一次的实践为人们创造出全新的体验认知，以及去探索超越生活之上的未知。

"锦上添花"是经济低迷周期里生长出的一股野生力量，它就像荒芜沙漠里突然被发现的绿色湖泊，波光粼粼、水浪翻滚，给文旅市场带来无限希望与活力。本幕呈现锦上添花最具经典、最具热度、最具成效的五类作品，共同体验不夜城演艺过程中，实现中国梦的场域化工具。

夜经济新模式

轻资产不夜城点亮文商旅地

东北不夜城打造前

东北不夜城打造后

第一场 华灯初上亮九州市集（城市更新版）

NORTHEAST CHINA
THE NAKED CITY

东北不夜城
用"不夜城"重新叙述一座城

项目位置：吉林梅河口市

项目简介：开放式街区，街区全长533米，占地面积1万平方米，连同陕西美食街及2022年新建的云南酒吧街、月亮湾元宇宙集市、爨街延伸区，合围形成东北不夜城文旅消费大片区，总面积达24060平方米。

项目价值：东北不夜城的爆火推动了梅河口城市GDP12.8%的快速增长，对城市交通、娱乐行业都产生了强大推力。2021年，东北不夜城打破疫情重压，逆势蹿红，163天运营期接待游客408.6万人次，央视媒体集中报道10余次，吸引国内130余批次团队考察学习。东北不夜城的火爆，直接带动了吉林旅游市场。

社会荣誉：第一批国家级夜间文化和旅游消费集聚区、第二批国家级旅游休闲街区、中国旅游投资行业最高荣誉"ITIA艾蒂亚奖"等国字招牌。

4

2016年以来，中国夜经济规模突破30万亿元，夜经济火了。

2017年，《第一财经周刊》曾全面衡量国内337个城市夜间生活指数，结果显示东北三省的36个城市中，仅有4个挤过前100名。

作为曾长达数十年国民经济增长极的"共和国长子"，东北，却缺乏夜生活。

现象：

点亮东北，从梅河口开始

多年来，东北由于气候和纬度原因，在各个城市发力布局夜间经济之时，显得格外力不从心。重工业的衰落，造成经济增长乏力，大量年轻人外流明显。第六次全国人口普查数据显示，东北三省每年净流出人口约200万人。

在那些无人的夜，东北人生活的火焰在慢慢熄灭。

有消融就有生长，东北有自己的精彩文化和成长规律。私人空间的消融，转而在具有某种公共性的空间中生长出来，怪力乱神的奇迹在萨满传统十足的东北永远不会真正式微。东北文化是年轻的，仍在继续生长。

2021年5月1日晚，中央新闻联播闪现一则前方报道。画面中是东北一个隐藏在长白山脚下的五线小城梅河口，一条百米长街火树银花、灯市如昼。本受疫情影响，全国一片静默之时，东北不夜城穿梭的红男绿女，比肩接踵、载歌载舞，让无数外地游客羡慕心动、订下车票，纷纷表示要去梅河口"避疫"。

吉林大学大四学生林阳下午2点从长春出发，乘坐大巴2小时来到梅河口东北不夜城，正好赶上当天开街的第一场表演。

东北不夜城仅在晚上运营，林阳很早以前就在抖音等一些社交软件刷到东北不夜城多样的节庆表演、小吃美食。"大四毕业马上要离开东北了，想着来一场'特种兵旅行'，东北不夜城十分热闹，里

5

面表演展陈、文创游戏都具有浓厚的关东风情，通过各种各样互动娱乐让我更深层次地了解东北人的本地生活方式，这次旅行将是我大学时期一次很美好的回忆。"林阳兴奋地参与现场抢亲活动喊道。

东北不夜城全长533米，占地10660平方米，汇集古风古韵、现代文化、互动美陈、智能夜游、衍生文创、景观打卡等诸多元素，打造出的具有鲜明关东风情和古风文化氛围的复合型商业步行街。

这本是一条行车马路，从无到有再到灯火辉煌的东北不夜城，不过用了17天时间。共兴建牌楼2个、大型灯柱56个、商铺花车91个、大舞台6个、互动娱乐设施2个、篝火舞台1个等硬件设施。仅用3天时间，完成近百位商户招商。同样短短3天少数民族演员、舞蹈演员、歌手全部就位，街头表演艺术彩排完成，统筹"五一"假期期间，演艺

380余场，落地完成国际首届烟花节、开幕等相关工作。

这是"不夜城"团队打入东北的第一枪。

2021年"五一"期间，东北不夜城接待游客量单日最高18.3万人次，累计62万人次。周边宾馆、酒店全部爆满，外地车辆铺满梅城街道，从长春、沈阳方向来梅高速24小时处于忙碌状态。

点亮东北，从梅河口开始。

东北不夜城的爆火，直接推动了梅河口城市GDP12.8%的提升，促进了2000多人就业，整个推动梅河口升级成为省直管市。

东北不夜城骤然膨胀，土著和外来文化一起融入东北当代文化当中。东北不夜城主打"回家文化"，将东北人的在地性文化注入街区、将东北生活状态和日常游戏作为极致场景融入，让游客瞬间沉浸其中，很多游客说回到东北不夜城如同回到记忆中的老家。

理论：
以景兴夜，"常变常新"
颠覆文旅传统形态

　　林阳极力推荐不夜城街区中一个名为"印象梅城"的特产档口，位列一排创意集装箱中间，顶部采用三角梅设计，涂装东北非遗戏剧等元素，商业场景与文化同步，新潮又有趣。里面整齐摆放梅河口精酿、东北煎饼、梅河冷面等系列梅河口及长白山精品特产，包装精美、种类多样。

　　东北不夜城采用"轻资产"设计运营，整条街均由此类街景创意集装箱打造的可持续发展模式，拆装方便，不受土地性质约束，建设周期短，可在短短几天从旧地块搬迁到新地块，实现战略的快速转移。

这大幅度缩减了建设成本，真正做到"多、快、好、省"。东北不夜城一位现场管理者老许介绍："不夜城是锦上添花文旅集团打造夜经济的2.0模式，它的特征就是多、快、好、省、迭、灵、潮、播。2.0模式采取闭合式经济消费模式，让区域内经济高效发展，跨界'打劫'，可迅速聚集人气，做成区域流量之王。"

东北不夜城在优化环境的基础上，建筑美学与国潮文化碰撞出时尚印象的打卡点，形成具有关东文化特色的夜经济生态。这让更多与林阳一样从外地赶赴过来的游客惊喜非常、新鲜十足。

东北不夜城工作人员老许接着说："我们项目建设前就已做好定位，瞄准'90后''00后'人群，通过在地性文化IP输出快速把场景焕新，年轻人喜欢新奇乐的东西，我们不夜城从原来的1.0版本更新到2.0，吸引到不少回头客来多次打卡。"

常变常新是东北不夜城一大吸客法则。东北不夜城总设计师同时也是锦上添花企业创始人刘磊在文旅一线市场摸爬滚打20多年，从灯光设计到场景餐饮，再到城市夜生活打造，每一个夜晚，刘磊就这样看着屏幕里流光溢彩的城市街道，反复问自己："一切都在变，政府在变、客群在变、我们的地球村也在变化，唯独我们不去变，那我们如何有生存的可能性？"

文旅的长期主义一直是行业本身潜规则，但刘磊似乎天生带有一身反骨，不爱走轻松寻常道路，他不愿遵从既定规则去听天由命，"变"成为他的常态。

每个不夜城开业前，刘磊要求一定要安排足够"试运营"时间，实时监控现场每个项目游客量，对于观看量小的产品及时迭代换新，东北不夜城甚至到正式开业的前一天晚上，仍然叫来吊车拖走一些"不受欢迎的产品"。

"这样就造就了我们有序循环和长久健康发展，从而实现真正的文旅长期主义和不断升维的这样一种结果。"刘磊曾在采访中说道。多年的实践让刘磊总结出不少产品运营方法论，他做的任何改变都准确预判了"市场核心趋势"走向。

梅河口是个常住人口仅42万的偏远小城，游客基本都是路过，不会将其作为一个旅游目的地专门赶赴，想留客一宿更是难上加难。项目进行前，刘磊团队对梅河口进行全方位调研，他们发现，当下夜经济迸发出强劲的生命活力，它能够有效解决梅河口这样传统文旅城市的长期内卷问题。

东北不夜城以绚丽灯光引客、以美食特产待客、以娱乐零售留客，这样的夜经济模式延长了整座城市的经营服务时间，拓展了消费空间，提升了城市活力。

东北不夜城召集各地小吃美食类55户，饮品与酒吧类20户，游戏类13户，非物质遗产与其他类12户，本地美味与网红美食应有尽有，武汉热干面、动物造型冰激凌、东北锅包肉交互登场。

夜经济新模式

轻资产不夜城点亮文商旅地

千人围观的"不倒翁小姐姐"

此外，现场行为艺术表演创意无限，根植东北本土文化综合设计零售娱乐产品，如追梦梅河、梅河风驰、长白女将、长白墨客、穿越梅河、东北不倒翁、灯笼印象、梅河墨舞、云歌琵琶、梅河千秋等15个本地IP形象让创意与艺术激烈碰撞，尽显流量担当。

刘磊团队以"一人兴一城"为产品设计导向，不断尝试、不断自我推翻，仅一个东北不倒翁小姐姐的传播量就达到了惊人的25.8亿次，这相当于整个城市自媒体的传播量。最终这15个老百姓喜闻乐见、新奇优美的IP创造了300万的客流量。

东北不夜城以其构筑物灵活、微演绎机动、储备商户多等优势，做到一年内60%内容快速迭代。另外，随着时间、季节、游客喜好程度，团队对产品也会进行相应调整。不断地差异化让游客体验更深刻，东北不夜城常变常新、常逛常新。

2021年东北不夜城运营163天，接待游客408.6万人次，吸引国内130余批次团队考察学习。显然刘磊及其团队打造的东北不夜城已被奉为"东北夜神"般至高地位，打破"东北无夜生活"的固化思维，唤醒沉睡已久的东北夜色。

11

应用：
不夜城让一座城成为品牌城市

　　著名设计大师Evans曾说："将商业娱乐产品和休闲购物一同品牌化代表着城市消费空间的物质和经济象征的合二为一，现在，公众文化也对此模仿。为了打造硬件城市品牌，通过文化旗舰店和举办节日已经创造出一种卡拉OK式的建筑，重点不是你唱得有多好，而是你要充满热情欢喜喜地去唱。"

　　在全球商品化的今天，基础是普遍化的产品，地标性空间或建筑对城市品牌具有巨大作用。将城市打造成品牌城市，其中的品牌空间与城市设计共存。从纽约时报广场到巴黎香榭丽舍大街，品牌空间语言渐进控制内外公共场所。

　　刘磊运营的"轻资产不夜城"就是这样一个城市地标空间，它的建造意图是要"重新叙述一座城"。

　　在这条路上，一个区域的历史和文化的进程、时间和事件都被打包塞进不夜城之中，城市的发展通过不夜城空间里一人一景、一物一食相结合，通过改进城市设计的方式，提供了夜景奇观、行为展览、美食餐饮以及其他综合设施，这都成为吸引游客的磁石和创意城市的文化资本。

　　品牌化地标不仅制造了一个城市品牌的新社会空间，将城市环境作为它的媒介，它还在经济上刺激了城市品牌。

　　东北不夜城热闹美丽的月亮湾集市上，"90后"胥昊辰是来自

云南的哈尼族小伙，在这经营着一个特色工艺品摊位。2022年，一直钟情于东北文化的他在网上看到东北不夜城的招商信息，感觉条件待遇都不错，毅然拎着行李来到梅河口。

"这里很适合年轻人创业，能让我发挥所长、施展才干。进入旅游旺季，游客越来越多，我的生意也越来越好，刚进的货品很快就售空了。"胥昊辰满眼都是对梅河口的喜爱，称这里是自己的"第二故乡"。

短短几年，梅河口已成为东北乃至全国游客向往的旅游目的地。经济总量和财政收入均翻一番，城区面积扩大一倍，城区人口从30万人增长到42万人，成为东北地区屈指可数的人口净流入城市之一，其中大部分收入通过旅游行为来实现，每年有来自全国各地上百万人涌入，沉浸式参与这个东北其他地方看不到的地标。

作为梅河口地标，东北不夜城无疑是成功的，人流量的大量涌入给城市带来各种商业、技术等资源加持。成功引进中如建工、世基集团、红星美凯龙、国投集团、泸州老窖、浙江传化物流、一汽富维等行业领军企业，以及泰国正大集团、新加坡三达膜集团等国际知名企业落户发展。

刘磊及其团队，正在以"不夜城"为载体构筑自己的语言体系去重新叙述一座城市。

13

"南宁之夜"打造前

"南宁之夜"打造后

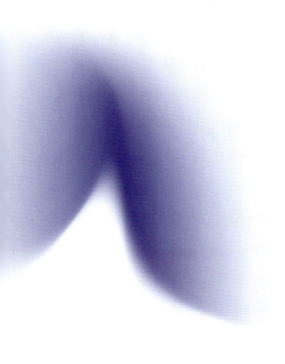

NANNING NIGHT

南宁之夜
塑造城市记忆剧场
拼贴起璀璨中国梦

项目位置： 广西南宁市五象新区宋窑路

项目简介： "南宁之夜"融入了广西少数民族传统文化、文创项目、科技创新、舞台装置、行为艺术、观景打卡等一系列元素，属于大型娱乐休闲、互动体验的现代化步行街。整个项目占地约3万平方米，全长约666米，街区商铺200余家。

项目价值： 仅2023年1月14日至3月初，"南宁之夜"客流量近300万人次，整体效益近3000万元，不仅当地市民、学生前往打卡，同时也吸引大量的外地游客，对带动当地经济发展，促进市场消费都产生了巨大的影响。

现象：

不夜城重构城市中心

在一份"最早睡城市榜"的网络调查中，南宁以平均0:33分的晚睡成绩位列倒数第一。此外饿了么的一份统计数据显示，在"95后夜宵活力城市TOP10"的排位赛中，南宁的"95后"青年们"饿压群雄"，为南宁拿到宝贵的夜间消费总冠军。

"夜间经济"作为都市经济的重要组成部分，其繁荣程度是一座城市经济开放度、活跃度的重要标志。2022年南宁市提出打造"中国不夜城 浪漫夜广西"的城市夜经济品牌部署要求，重点培育和打造一批融合夜食、夜购、夜游、夜健等多业态并举、辐射带动能力强的国家级夜间文化和旅游消费集聚区、自治区级夜间消费集聚区。从老牌"建政路"到网红"良野隐市"，南宁"夜态"丰富多彩，从不缺灯火辉煌的夜间休闲胜地。

2023年年初，南宁良庆区宋窑路又一条夜市"南宁之夜"横空出世，街区总长666米，宽28米，占地3万余平方米。1月14日开街迅速成为全城最受瞩目的夜游项目，仅12天接待游客便突破了100万人次，并且得到了中央和地方各大主流媒体、各类自媒体的高度关注和持续报道，抖音#南宁之夜单个话题已达到6700W+播放量，总话题量超过7000W（截至2023年1月27日数据）。

　　"南宁之夜"成为南宁现象级"夜经济+文旅"项目，这在夜游项目遍地开花的南宁来说，实属奇迹。

　　"南宁之夜"东侧是五象湖中央公园，南宁母亲河邕江穿流而过，邕江边上的人，四季的早晚都围着它转，邕江水似乎总能给南宁人注入一股生活的力量，永不会单调无聊。

　　晚上6点，家住邕江岸边的谢馨带着孩子来"南宁之夜"散步，她说："第一次在自家门口看到这么特别的夜市，这里每天都和过春节一样热闹，大家一起来这里，聚在一起玩，很喜庆。"

　　对南宁人来说，南宁的夜晚有三大风景线：夜市的灯火辉煌，鬼火少年的年少轻狂，以及中年人路边摊的码声嘹亮。首个集文化、美食、旅游为一体的"南宁之夜"街区给了南宁人更多放肆做梦的空间。

　　"我们以打造'夜经济'为抓手，以民族文化展示为载体，建设了这个商文旅融合夜经济项目，让市民和游客在这里感受城市文化与民族文化、本土文化和东南亚风情的交融。""南宁之夜"打造方广西旅发置业集团董事长江波曾在接受央视采访时说。

　　"南宁之夜"是由广旅集团和锦上添花文旅集团共同打造，依托

南宁市良好的人文资源环境，从游客体验出发，植入新潮娱乐业态，汇集广西少数民族传统文化、现代文化、互动美陈、智能夜游、衍生文创、景观打卡等诸多元素，设置10组大型娱乐设施，16个行为艺术舞蹈，1个活动广场，100多处网红打卡点，150余家街区商铺，构建出南宁独具特色的休闲生活方式和夜间经济模式。

"南宁之夜"精彩的表演、活动和美食引来极大的人流、物流、资金流等资源的聚拢，形成新的具有鲜明民族特色和精致国潮文化的复合型"城市中心"。

在广西旅发置业集团董事长江波看来，"'南宁之夜'项目的建成，是对南宁夜经济的一种提升，因为南宁的夜经济消费有它的基础，而通过'南宁之夜'这个项目，我们把它做得更细致、更美观、更容易出圈。"

晚上12点"南宁之夜"仍然人山人海，在熬夜这方面，南宁人从来不犹豫，如同海子诗中描述："没有任何夜晚能使我睡去，没有任何黎明能让我醒来。"

　　街区150多家美食小摊在午夜依旧有序展开，伴随着动感欢快的音乐，夹杂着游客拍掌叫喊声、店家吆喝叫卖声，篝火广场每晚仅三场的民族歌舞表演正在火热进行。看人群丝毫没有消散的势头，"南宁之夜"运营张经理又开启了今晚第六轮店铺巡查。

　　黑色经典臭豆腐摊位，游客还在排着长队，"这里每晚都很热闹，生意红红火火，每到周末和节假日，我们都忙不过来"，张经理乘着间隙与摊位老板杜家文打了个照面，"我们摊位开街以来日均收入近7000元，客单量超8700单"。

　　"南宁之夜"是锦上添花文旅集团在探索"夜经济+文旅"创新融合方面现象级代表产品，已成为全区知名夜间文旅消费品牌，并为南宁成为国际旅游消费中心城市提供源源不断的活力。

19

理论：

以文兴夜，
沉浸式美陈场景唤醒城市记忆

法国经济学家萨伊曾说："仅仅鼓励消费无益于商业，因为困难不在于刺激消费的欲望，而在于供给消费的手段。"

夜经济成为现代城市最受欢迎的业态之一，官方定义，夜经济是从当日下午6点到次日早上6点之间所有的经济文化活动的总和，包括购物、餐饮、娱乐、旅游、住宿、学习、影视、休闲等多方面。因此夜消费的本质是满足消费者品质化、多样化、个性化需求，因地制宜打造具有当地特色的夜经济形态。

刘磊团队通过挖掘广西本地少数民族文化内涵，提升游客微观感受入手打造"南宁之夜"。在顶层设计中，遵循本地刘三姐、大象文化、服饰文化、山歌文化等元素的提取，整个街区改造都使用场景化思维，视觉与味觉双重叠加，营造沉浸式场景促进餐饮、娱乐、文创、游戏体验等产品消费。

场景营造已成为新零售时代促进消费的重要手段，套用沙里宁的话，"场景是一本打开的书，从中可以看到它的抱负"。场景消费就是通过设置各种感官可以接收的场景，变商品主导为空间主导，激发消费者心中"欲望"，让消费者得到精神层面的满足，继而在情境中自觉消费。

正如同"南宁之夜"以南宁历史文化为背景，以美食街区为舞台，以表演、美陈、行为艺术等基础设施为道具，通过本土环境、艺术氛围的表达，塑造一个城市的记忆剧场，苗女月琴、南宁通宝、人鱼传说、铜鼓大器一个个极具民族特色的民俗演艺点亮街区"暗角"，成为夜色中人潮涌动的璀璨星光。

这里每一个场景都能激发游客对这座城市的场所记忆，使得消费

者在游乐过程中"五感共振"，从而打动消费者的消费欲望。

在刘磊看来，城市历史是营造夜场景的最佳素材，那些曾经的历史逐渐褪色，民族的记忆大多只成为记载在书里的一段话、一幅黑白老照片，而不夜城模式的重点就是让文化活过来，不再仅是打造一个商业购物场所，而是加入城市文化构建一个城市的"记忆剧场"，让那些老文化、老民俗可以找得回、唤得醒，通过时尚休闲载体让寸土寸金、漂浮急躁的现代社会也能安放得下沉甸甸的文化记忆。

"南宁之夜"留住本土文化构建出具有独特属性的城市空间，也成就了差异化的夜场景，对原本闲置的城市空间加以利用，在城市更新的场景营造中强化文脉的传承与保护，注入时尚化的消费元素与业态，在空闲空间中兼容下时尚且具烟火的城市生活，也能保留住逝去的城市记忆。

将传统的壮族风土歌舞与现代的行为艺术相结合，城市的新与旧、白与黑在"南宁之夜"中反差碰撞却又不失和谐统一。不同区域、不同年龄、不同民族的游客，都能在这里找到属于自己的情感依托。这在很大程度上，既避免大拆大建式的对城市资源的浪费，也摆

脱了"对神圣过去的僵化尊重"。

2023年以来，广西大力实施消费新场景拓展行动，创新打造系列特色消费新场景，促进全区消费市场加快回暖。广西商务厅接连出台《关于加快文化旅游业全面恢复振兴的若干政策措施》《关于进一步促进充分就业增强市场活力的若干措施》，提出鼓励发展夜间经济、小摊小贩等特色经营，加快培育多元化夜间消费模式，营造良好夜间经济。

犹如哈佛大学经济学教授格莱泽所说，城市的命运由消费方式而非生产方式的集中程度决定，城市更新也要区别于既往"产业就是一切"的发展思路，文化成为城市更新能否成功不可或缺的要素。

从改建到运营，"南宁之夜"让文化成为一种城市触媒，凝聚记忆场景，强化情感共鸣，不是简单的文化植入，而是在延续城市记忆的同时，经济效益同时得到提升。

"南宁之夜"以小众的民族文化与新生活场景充分结合的方式，让城市空间与市民休闲生活联系得更加紧密。南宁夜生活的故事正在被重新述说，沉睡的城市资产也焕发出巨大价值。

应用：
拼贴完整夜生态塑造现代化文旅

正如狄奥多阿多诺所说："仅仅形式的美，不管是什么，是空洞和无意义的。"那些被追捧的长红城市，发现他们的美往往来自自己蕴含的独特性格，如同我们形容成都的"慵懒巴适"，西安的"淳朴豪爽"。

城市夜生活营造的场景，要想留住那些"夜猫子"，更需要拥有自己的性格，让人产生"不得不去"的冲动，"南宁之夜"的成功无疑深刻演绎了这一道理。

刘磊认为，不夜城的出现是向那些城市提问，重新组装人类活动后留下的残余物，搭建实现城市梦的舞台。这样看来，刘磊不仅是设计师，更是一位"拼贴匠"。

在我们这个时代，"拼贴匠"是一个用他的双手、并用与工匠相比较迂回的方式来工作的人。刘磊擅长完成大量的、各式各样的复杂工作，不会局限于仅为完成该项目而准备的原料和工具，他的操作规则总是采用"任何手边的东西"，包括时下新兴设计、本土元素等，最终形成的作品所包含的内容与任何特定的计划都没有关系。但它是以往出现的一切情况的偶然结果，连同先前的建构与分解过程中的剩余物。

刘磊的"野性思维"可以自由地、任意地拼贴出一个天空之城，不

23

同于传统的城市商业空间，刘磊将不夜城赋予了更多的想象力和创造力，在浓浓的城市夜色中长出了许多新的创意时尚功能，个性酒吧、零售娱乐、本地文创……

不夜城的城市记忆的创意和艺术是精心策划的。每天，这里都在上演着最具人气、最为精彩的节庆与剧目：壮族三月三、渔灯节、中秋之夜、电子音乐节、泼水节、嘉年华等，这里也在不断引入新的时尚创意形式：最红火的文旅项目、最热门的戏剧演出、最古老的民族文艺作品展……

如今"南宁之夜"已经成为广西甚至全国的壮族文化会演大舞台，音乐、舞蹈、戏剧等民族元素与外来流行文化在这里完美对话与碰撞，令无数外来游客驻足沉迷，从而延长了人们的停留时间，增加重游率，实现城市的永续发展。

20多年的市场观察，刘磊及其团队深知新时代人们对美好生活的诉求越来越热切，产业在创新、城市也在进步。不夜城模式通过一切文化、形式、技术、平台的有序拼贴，通过一个个新的消费场景，让资源得以盘活、被遗忘的角落重获新生、人们的渴望得以满足。

"南宁之夜"开街当夜，中国诗歌春晚组委会组织全球包括纽约、东京、伦敦在内的近百个会场转发关注"南宁之夜"开街盛况。

远在纽约的2023第九届中国诗歌春晚国际文化传播大使、美国哥伦比亚大学生荆钟凡向所有认识的华人推转分享了"南宁之夜"，"隔着遥远的大洋，我看到一个华彩四射、璀

璨无比的'南宁之夜'！每道美食都是乡愁，每个
笑脸都是亲人。看到'南宁之夜'，我就很想生我
养我的中国，想那浓浓的年味。从'南宁之夜'，
我看到一个用现代灯光、现代艺术激活的壮族乃至
中华民族的风情和文化。'南宁之夜'堪称一个活
色生香、流动的民族文化博物馆！"

　　刘磊及其遍布大江南北的不夜城推动中国成为
夜间消费新场景试验田、消费新模式先行区与消费
新生态培育场，最终向世界展现一份通往现代化国
家的全球解决方案。

25

大宋不夜城改造前

大宋不夜城改造后

SONG DYNASTY
THE NAKED CITY
大宋不夜城
以不夜城引爆
全域产业立体化发展

项目位置： 山东泰安市东平县

项目简介： 东平大宋不夜城的前身是水浒影视城，疫情期间，东平县秉持"疫情终将过去、旅游定会振兴"的定力，在危机中寻找先机，谋划转型升级，开展项目建设。最终与西安锦上添花文旅集团合作，以现有水浒影视城景区为基础，共同打造集古镇风情与宋文化街区于一体的全新旅游目的地。

项目价值： 成功入选"好客山东·乡村好时节"年度主题活动优秀案例，这也是泰安市唯一一个入选年度主题优秀案例的活动。获得"山东最美夜景""山东网红热门景点""山东必打卡地之一"等多项头衔。仅在抖音平台话题播放量就超过了5亿次。

　　夜间经济是20世纪70年代以后提出的经济学名词，又称"夜经济"，是第三产业的重要组成部分，大致包括购物、餐饮、娱乐、休闲、旅游等方面的经营和消费。

　　我国古代"夜经济"一般指的是"夜市"，代表"夜间交易市场或夜间商业活动"，最早追溯至汉代，兴盛于宋。

　　夜市是宋代城市商业发达重要标志之一，宋代夜市不但时间长、规模庞大，而且内容丰富。繁盛的夜市，留下"夜市直至三更尽，才五更又复开张；如要闹去处，通晓不绝"的宋代都市民俗奇观。

29

现象：

从人气惨淡的传统景区
到话题过亿的榜单宠儿

　　2023年年初，全国新冠肺炎疫情管控刚放开不久，一个主打宋代夜生活的山东小众景区大宋不夜城在全国率先提出"免费游"，一炮走红，成为位列全国重点旅游景区周边路网拥堵指数第2名，并被中央电视台先后报道5次。

　　据不完全统计，大宋不夜城开园以来，相关短视频在新华每日电讯、山东新闻联播、中国山东网等官方短视频账号上的总播放量已超1.5亿次，并不断冲上各大平台热点榜、同城榜、打卡榜，抖音话题播放量超5亿次。

　　大宋不夜城到底有何本领率先冲出行业低迷期，成为市场宠儿的呢？

　　实际上大宋不夜城的前身是东平水浒影视城，一个以施耐庵、罗贯中长篇小说《水浒传》为建筑蓝本和唐宋文化为背景的国内重要的古装戏拍摄基地。随着近年古装戏市场热度的下降，加上新冠肺炎疫情的严重影响，水浒影视城一再陷入经营沼泽，玻璃栈道、剧本杀……水浒影视城想尽一切"自救"办法，结果大都不尽如人意。

　　东平水浒影视城管理方东平湖文旅集团看到夜游经济市场表现出的强大消费潜力：商务部《城市居民消费习惯调查报告》显示，中国

60%的消费发生在夜间，大型购物中心每天18时至22时的消费额占比超过全天的二分之一。

东平县认识到这一机遇，开始围绕"山东夜间旅游新地标、夜游经济新引擎、好品山东展销地、非遗体验地"这一定位，探索水浒影视城的夜经济发展转型之路。

为此东平湖文旅集团自建了一支"夜经济品牌工作小组"，开展景区整体亮化工程，并策划社火大狂欢、盛世焰火秀、马战实景秀、水浒国潮风等一系列主题活动。虽然取得不少成效，但终究是小修小补，景区仍存在功能单一、特色不突出、景区设施老化等问题。

东平湖文旅集团正视自身缺陷，并加强与外界的沟通交流，引入更多市场爆款资源。一位东平湖文旅集团相关负责人说，"面对竞争激烈的旅游市场，东平湖文旅集团对标先进，寻求发展新模式，最终决定以现有水浒影视城景区基础，打造集古镇风情与宋文化街区于一体的全新旅游目的地"。

2022年年初，东平湖文旅集团找到近两年文旅网红项目不夜城运营方锦上添花文旅集团，决定新上大宋不夜城项目。刘磊与其签订300万元的对赌协议，同时缴纳300万元保证金，确保大宋不夜城每年吸引300万人次客流量。如达不到，保证金上交东平湖文旅集团。

协议签下来，分两期建设，大干特干。一期工程主要建设华灯锦里不夜城长街、篝火擂台以及东平湖女、摇手兔、麒麟等巨型雕塑和10多个行为艺术表演台。二期工作主要建设无动力乐园、森林秘境、夜宴巷、乐华巷等街区。两期共改造提升景区面积2.5万平方米，主街道设置18幕行为艺术表演、11处美陈打卡，新增篝火擂台、五大街巷、英雄关、许愿池、魔幻森林五大板块，打造一个吃中有游、游中有购、购中有娱、娱中有秀的主题式商业街区。

由于工期短、任务重，建设团队昼夜不停，错位施工。一期工程结束后，于2022年国庆节进行试运行，收到良好效果，这为二期工

31

程奠定了基础，2023年1月7日大宋不夜城正式开园。

面貌焕然一新的老牌景区，在节假日频频刷爆朋友圈，不断成为短视频平台各种榜单常客。在大宋不夜城常设节目《宴饮雕花》舞台前，挤满了围观的游客。21岁的河北演员宋梓悦身着宋代精致华丽的表演服装，附和着余声暮鼓翩翩起舞，游客纷纷高举相机，拍照称绝。宋梓悦说："景区游客特别热情，我每晚都要表演7场，每次10分钟。"

为再现宋朝夜晚的市井繁华，大宋不夜城采取"一步一景""满城展演"的方式进行布局，打造VR体验、烟花秀、非遗

打铁花等亮点业态30余项，引入特色美食、非遗商铺，构建"夜游、夜食、夜宿、夜娱、夜赏、夜购"的不夜城模式。

　　从潍坊赶来的吴楠正在大宋不夜城烟雨巷和小姐妹们一起拍汉服照。在她看来，"这一趟来得值，这里营造的勾栏瓦舍热闹非凡，古装艺术展演又把氛围感拉满，给人一种穿越到了宋朝的感觉，穿上汉服在街巷中穿行拍照，非常有意境"。

　　华灯初上，一阵梅雨刚过，微风拂过柳梢头，枝丫上的宋词铭牌叮当作响。踏着如梦如幻的温柔月光，"夜市千灯照碧云，高楼红袖客纷纷"，一场繁花似锦的"大宋梦华录"正式拉开序幕。

33

夜经济新模式

理论：

以食兴夜，
速聚人气辅助景区服务

　　白天水浒影视城，晚上大宋不夜城。从灯光璀璨的古城美景，到烟火升腾的湖畔美食，大宋不夜城，一直都在酿造美妙的引流神器。

　　美食一向是"不夜城"系列的核心吸引物。过去的30年，餐饮行业年均增长率为18.6%，成为国民经济中增速最快的行业之一，增长速度超过GDP。同时《新中产白皮书》中针对10万名"80后""90后"消费者做的一个调查，有81%为了餐饮去的商场，美食已然成为促进消费的重要引擎。

　　刘磊深研旅游和餐饮设计行业20余年，带

领团队先后设计了西贝莜面村、旺顺阁鱼头泡饼、袁家村城市店、茶马花街、外婆味道等全国400多个排队级餐饮品牌和餐饮街品牌，被业内人士尊称为"资深旅游和餐饮场景造物师"或是"餐饮导演主义"设计之父。大宋不夜城的十里长街自然也是精心设计的美食艺术天堂。

在山东乡村旅游品牌"好客山东·乡村好时节"主题年活动的指引下，刘磊团队深入研究东平美食的本土特色，与《水浒传》历史典故、三国文化相结合设计出一系列"唯大宋不夜城独有"的网红美食，如状元糕、湖鱼汤、糊豆、扈三娘烤肉等，琳琅满目的小吃餐馆比比皆是，甚至为了能够引进最地道、最美味、最特色的美食，不惜花费好几倍"重金"聘请当地"能人巧匠"。

比如在东平有句俗语"喝完一碗东平粥，风风火火闯九州"，东平人开启一天的方式，一定是在街头巷尾小店里来上一碗"东平粥"。刘磊团队听说东平下面镇里有一位做了30多年的"东平粥"传承人，很多本地人都是吃她家粥长大的。为此刘磊团队专门赶到老奶奶家做了几天思想工作，劝她将粥铺搬到大宋不夜城并给她最好的摊位。终于这碗"最东平"的粥铺来到大宋不夜城，自然靠她的独特风味留下了不少游客，同时也将原来的老食客吸引到大宋不夜城。

大宋不夜城繁华的街道上，美食以其平易近人的烟火气为特色，承担起助力乡村振兴的重要责任，通过开发美食项目，形成美食产业，带动周边居民就业，增加农民收入。飘舞的人间烟火，更是东平人民对生活的热

爱与激情。

　　"从开业到现在，营业额最多的一天超过了1万元，平均每天收入7000多元。"在大宋不夜城景区的"状元糕"摊位，摊主赵海涛敲打着木板模具上未成形的东平特色小吃"状元糕"，摊位前排满期待品尝美食的游客。

　　大宋不夜城里每一个摊位风格都是刘磊团队自主设计，通过对当地的饮食、建筑、语言与民俗信仰等进行仔细研究，反复确认街区空间的主体方向，将区域文化符号进行裂变提炼，最终形成一种全新的面貌渗透到了街区空间里头。

　　刘磊团队将街区的主消费群体锁定在"80后""90后"年轻人，在他们看来，这个群体愿意尝试新鲜事物，因此在街区的餐饮设计中除了在空间上保证合理性和营业最大化外，另外还迎合了消费群体热衷新鲜事物特性。

　　大宋不夜城采用"井"字形进行动线设计，游客步入街区，不会感觉到无趣，流光溢彩的灯火、翩若惊鸿的仕女、琳琅满目的美食，让人仿佛置身在宋朝的繁华市井中，一步一景，移步换景，满城展演，同时间接延伸了街区的长度和深度，延长了游客的逗留时间，为街区创造了更多的经济效益。

　　大宋不夜城调整运营方式，夜晚对游客免费开放，很好弥补了水浒影视城的夜态种类，进一步促进二次消费。"这种模式既保证了景区收入，又兼顾了客流量体系，达到客流与经济效益双赢的局面。"东平湖文旅集团相关负责人认为，这种模式有效降低了财政支出，并促使企业开发更多符合消费需求、具有市场竞争力的夜间经济产品，实现政府、企业和民众三方共赢。

应用：

一人引万民、一品兴一城

着一袭珠翠罗绮，游一街华灯锦里。宋代市井夜生活沉浸式体验，打造出集传统文化、历史科技、休闲娱乐于一体的大宋不夜城，探索出了城市夜经济发展新模式，一跃成为"好客山东"热门旅游景点之一。

火爆的大宋不夜城以文旅项目"一子落"，带动消费"全盘活"。实行"白天售票+夜晚活动"模式，以本地客群做口碑，外地客群做流量的思维进行高效整合运营。2022年9月30日晚上试运营时期，大宋不夜城客流超4万、车辆拥堵距离达到5公里以上，国庆期间位列全市游客数量第1名。

持续的口碑影响力让大宋不夜城成为文旅市场新物种，并为夜经济盘活传统景区存量资产提供了有效实施经验：

首先，占位贴近市场需求。认真研判消费者需求，紧跟市场新形势，大力培育新消费业态、创造新消费模式，精准打造更加亲切、个性化的旅游产品，从而提高景区生存韧性。

其次，多方丰富产品业态。准确寻找项目定位，并进行合理功能分区，从而有效吸引资本投入，优化产品的空间配置，主次分明、详略得当，完善夜间配套服务设施。

最后，提高整体服务品质。盘活传统景区资产，以软实力打造高质量旅游体验，提升大众的评价与认可。服务是核心，细致完善的内部服务环境和便捷的外部交通环境，皆是影响游客体验的决定性因素。

"以往'来也匆匆、去也匆匆'的旅游景象不见了，现在很多游客要留下来住一夜，到周边景点再转转看看，全域旅游已风劲帆满。"在东平县文旅局局长刘华看来，大宋不夜城变"存量"为"流量"，成功撬动当地全域旅游大发展。

以大宋不夜城为龙头，将环东平湖84公里景区景点串珠成链，辐射带动腊山、滨湖湿地公园等景区，串联推动塘坊、浮粮店等乡村民宿日益壮大，盘活联动东原阁、罗贯中纪念馆等闲置资产，东平旅游开始发生质变。

在住宿接待上，大宋不夜城周边及县城内各大宾馆、酒店连续五天入住率达100%，东平县为让游客能住得好，新上星级宾馆2家；东平湖大酒店、东平迎宾馆及周边餐饮店全鱼宴、湖鲜宴备受游客青睐，并建成龙泉美食一条街；在大宋不夜城开设非遗商铺6家，特产美食展销区异常火爆。塘坊民宿、浮粮店民宿等乡村旅游区持续发力。

"危机，就是危中有机，我们无中生有、化危为机，旅游的多重功能正在彰显。"东平县委书记马焕军很是认可不夜城模式，并说"旅游能提升第一产业、拓展第二产业、壮大第三产业，不仅具有经济意义，更具有社会意义，是我们打造黄河流域生态保护和高质量发展示范区的重要产业。"

大宋不夜城从一个濒临倒闭的传统景区，以"夜经济"为抓手，抖擞一变成为万众瞩目的"城市聚场"，一子落下即刻产生明显的"涟漪效应"，联动起无数条产业链条，放大、放长，带起整座城市的未来与希望。

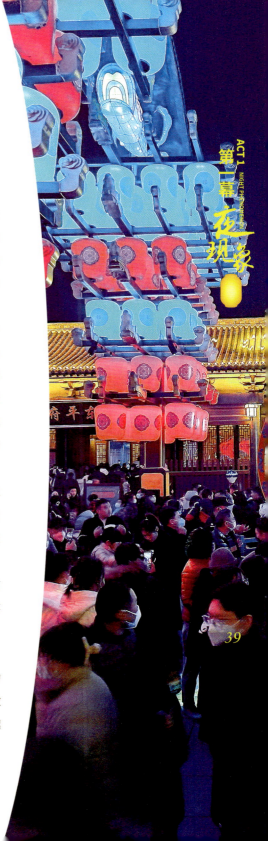

木兰不夜城改造前

木兰不夜城改造后

MULAN
THE NAKED CITY
木兰不夜城
中国新经济的时代力量

项目位置：湖北省武汉市黄陂区

项目简介：木兰不夜城主题街区是面向全国，以地域民俗特色为抓手，结合木兰故事与历史传承，打造文旅新场景，形成灯火辉煌不夜城、盛世长歌霓虹舞、特色美食、互动美陈、魔幻森林、衍生文创、景观打卡等诸多元素，打造具有鲜明地域特色和古风文化氛围的最美黄陂木兰花乡游的综合性新时代昼夜文旅街区。

项目价值：促进黄陂区的经济、文化、旅游、产业等多方面的发展。为当地全域旅游助力，成为区域文旅项目和非遗文化展示的窗口，极大提升木兰文化在国内的知名度，提升城市认同感，项目同时具备强大的产业带动能力，实现一二三产业联动，直接带动餐饮、娱乐、住宿、购物、建筑、房地产等行业及其配套产业，同时与文旅相关的衍生创意产业、传统艺术和手工艺产品等得到迅速发展，诸如民宿产业、美食、民间艺术等产业推动的潜力巨大。

41

木兰不夜城盛景

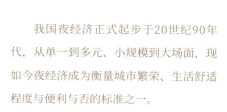

我国夜经济正式起步于20世纪90年代，从单一到多元、小规模到大场面，现如今夜经济成为衡量城市繁荣、生活舒适程度与便利与否的标准之一。

2019年，国务院办公厅印发《关于加快发展流通促进商业消费的意见》，"鼓励特色商业街与文化、旅游、休闲等密切结合，打造夜间消费场景与聚集区，提升夜间经济消费活力"。

自此各城市、各企业加码角逐夜经济新赛道，中国夜经济市场迎来蓬勃高涨期。2023年5月，中国文旅集团发展报告显示，锦上添花文旅集团凭借旗下"不夜城"强大IP成为新晋中国文旅集团百强榜单第43位，自此锦上添花文旅集团开启发展新篇章。

现象：

全网曝光破4亿，
10天入园27万人次

武汉木兰不夜城是锦上添花文旅集团投入产业竞争激烈的长三角区域第一枚"惊夜枪"。

作为现代化工业城市的武汉，武汉人的消费热情在晚上达到顶峰，其夜间消费占全天消费过半。2023年，武汉冷"鼓励发展夜间经济，增加城市烟火气"写入政府工作报告，持续激发武汉夜游消费潜力。据央视财经发布的2023年小微经济八大新亮点显示，武汉夜产业入围"中国城市夜经济指数"前十。

一个寻常周末的下午4点半，木兰不夜城5个停车场以及周边家咀备用停车场都已停满。花团锦簇的绣球花、穿行花田的绿色小火车、五光十色的灯光秀、美若天仙的"花木兰"，已开业大半年的木兰不夜城仍旧频刷各大平台热搜，成为最受武汉人欢迎的夜间休闲网红目的地之一。

木兰不夜城位于武汉黄陂区木兰花乡景区，是以地域民俗特色为抓手，结合木兰故事与历史传承，打造文旅新场景，形成灯火辉煌不夜城、盛世长歌霓虹舞、最美黄陂花乡游的综合性新时代昼夜

文旅街区。

　　2020年因为突然暴发的新冠肺炎疫情，木兰花乡景区一度陷入运营低迷，木兰花乡景区团队和周边村民危中寻机，主动抓住"夜经济"机遇，找到东北不夜城背后运营方锦上添花文旅集团，探访了西安和东北的不夜城，趁着游客稀少，不断扩大规划建设，将景区内的"木兰老家"改造为火及至今的木兰不夜城。

　　"过年本应是我们的淡季，现在单日游客量却能达到3万，木兰不夜城的火爆超乎我们的想象。"木兰花乡陈总经理说。刘磊团队以

45

《木兰诗》里"东市买骏马，西市买鞍鞯"为设计之源，整体布局分为东市与西市，"东市"布满璀璨夺目的花灯彩牌，"西市"展现西域的壮阔与风情。

2021年着手规划，2023年1月正式落成。在木兰花乡景区原有项目的基础上进行建设，将区域内的古街、美食街、灯光亮化、配套设施进行重新设计和升级。以木兰文化为主线，其他文化为补充，打造出了集演艺、美食、娱乐、科技、文化等于一体的高颜值、高体验的木兰文化场景集结地。2023年1月18日开街就吸引28000名游客前来打卡。

转型后的"木兰花乡"以大型实景演出《木兰传奇》时间为轴，从《故乡》《从军》《杀敌》《建功》《犒赏》《还乡》等篇章讲述巾帼英雄花木兰替父从军的感人故事。

变化莫测、直射云霄的炫酷灯光和各式传统中国式街灯、墙灯、树灯、宫灯、花灯等构造火树银花不夜天的美景。全天30场活动循环演艺、非遗展和文创展示，木兰文化和沉浸式古风夜游擦出了农文旅发展新火花，让近3万名游客沉浸式感受北魏时期的民俗风情。

18岁的周景明刚参加完高考，第一次来木兰花乡景区，他在"木兰花乡"抖音号上购买了景区民宿的团购套餐，趁暑假来放松一下。

刚进园区的周景明就被"北魏盛世"的开街演出所吸引，他说："来这里犹如进入一个沉浸式剧本杀，非常有趣热闹，仿佛穿越到木兰生活的年代。"

周景明将自己完全投身到木兰的成长故事当中，加入"送征"音乐狂欢派对，与周边陌生游客走进舞台中央，手牵手歌唱欢跳，没有过多的警戒与冷漠，每个人似乎都是充满善意、温暖的结合体，这对一直生活在"边界

感"里的周景明来说非常不可思议。伴随着高潮部分浪漫烟花秀的上演，现场尖叫声更是此起彼伏。

木兰不夜城的建成，10天创造了26.46万人打卡的惊人成绩。全媒体曝光量突破4亿，其中抖音平台仅春节期间的曝光量就到达3.25亿，"#这是木兰不夜城"的话题曝光量突破3.1亿，新浪微博上木兰不夜城的话题阅读量也达到3800万。

2023年1月18日当天，黄陂区委、区政府主办的"文化进万家，乡村过大年"活动也在木兰不夜城隆重举办，荆楚文艺轻骑兵走进黄陂、非遗展演、黄陂剧团文艺汇演、无人机秀等新春活动隆重开展，带给百姓浓郁的年节氛围。

木兰花乡陈总经理说，下一步木兰不夜城项目将策划一系列特色大型主题活动，引入大型音乐节、烧烤露营节等流行元素，同时完善景区的服务配套，开发全新的"夜宿"旅游产品，让游客在木兰不夜城能有更为丰富的体验。

理论：

以娱兴夜，
边走边看的全浸式演艺

数据显示，夜间旅游休闲活动中，本地居民和游客首选夜间美食夜市，其次是更倾向于夜间节事活动。木兰不夜城是刘磊设计的第三代夜间演艺产品，它的最大亮点是让你沉浸式走入花木兰的传奇故事中。

木兰花乡董事长葛天才认为："一个景区要想得到长足的发展，靠的不仅仅是本地的游客，一定是要将其打造成为全国旅游的目的地。目前我们景区内的商业街有百余家特色店面，山水民宿、山水酒店、映像酒店也可满足游客夜宿的需求。我们现在就是要在演艺上下功夫，讲好花木兰故事，做好木兰文化的宣传和传承，让外地游客到武汉木兰花乡景区展开木兰文化的特色之旅。"

刘磊团队以木兰人物的创造提炼出这座城市的核心元素，通过戏剧、舞蹈、歌曲等轻包装创造出一部《木兰传奇》大剧，轻轻地放回到城市街头，使它成为这座城市的一部分。刘磊作为总设计师将这一点发挥得淋漓尽致。此次，木兰不夜城以首个"景区全域全浸式文旅演艺"为表达呈现方式，构建出"15个戏剧空间站"的超现实主义场景，游客可以随时停下来观看，逛完一圈，也就沉浸式体验完《木兰诗》中花木兰的一生。

20多年"不夜城"演艺设计跟随市场需求而变化，在经历了第一代以"游客即观众"、第二代"游客是顾客"，到了第三代刘磊认为"游客就是我们的演员，游客和我们共同参与其中"。

以木兰不夜城为例，在刘磊看来，沉浸式夜游需要一个贯穿始终的故事情节，增加活动的可持续性和吸引力，游客在活动中逐步解锁故事情节，增加游客的参与度和活动的可持续性。

一般到晚上8点，距离《木兰传奇》开演还有半个钟头时，观众席上就已是密密麻麻一片，还有不少游客一排排站在桥上观演。演出现场水陆舞台的联动，美丽的舞者乘船而来，花木兰同士兵在水边嬉戏的场景都给节目增添了看点。身着"野人服"的喷火演员从嘴里喷出一团团火焰，吊着威亚挥舞刀剑的士兵，以及猛烈向上喷涌的水花则令人心头一紧。

第一次看《木兰传奇》的杨女士说："40分钟的演出引人入胜，让人意犹未尽。"《木兰传奇》不只是表演，更是互动式、参与式的节庆活动。船在水面上驶，观众的注意力随着船的空间变化而变化，船行的范围就是剧场的尺度，每一个角落都有故事发生。

依托木兰花乡景区的诗意环境，演艺大量运用裸眼3D、全息投影成像、雾气成像、水特效、AR互动等高科技光影技术，呈献出声光电闪、水火影音为一体的水陆空立体视觉感官盛宴。从整个景区的维度出发，遍布木兰花乡的水系、街道、广场，表演无处不在，游客在每个角落都能体验到演艺带来的无限想象。

木兰花乡被打造成一个具有"过去主义"的奇妙空间，昼夜交替之时，木兰花乡的世界也发生倒转。巨大的时空洪流铺天盖地而来，锣鼓喧天，北魏神兽五彩灯光照耀，神采奕奕，预告即将到来的"木兰世界"。

15个充满戏剧张力的情境表演，被巧妙的故事线一一串联，从木兰织布、战前征兵、替父从军、荣归故里等人生历程，木兰最终涅槃重生，乘坐象征希望的"诺亚方舟"汇成一出水上震撼大戏，航向浩瀚的宇宙。

游客行走在奇妙的景区世界，沉浸在梦幻的历史神话中，观看演出也是在探索自己的内心宇宙。我们都是历史中的小人物，但只要我们一直勇敢探索、追寻梦想，最终都将获得爱与勇气。

应用：

不夜城承载乡村振兴的
"诺亚方城"

木兰不夜城开业后，木兰花乡景区工作人员发现，前来景区的客群已发生了根本性转变，"之前木兰花乡景区的客群多以中老年度假和亲子团体为主，现在通过新媒体传播，越来越多的年轻人和外地游客来到景区打卡"。数据显示，18~35岁的游客比例超过40%，周边省市的游客占20%左右，其中以信阳、随州、黄冈等地游客居多。

景区内的商铺每日都围满了游客，每个商户都是忙得热火朝天，游客在此品尝到琳琅满目美食，不少商户的营业额在木兰不夜城开街后翻了3倍以上。

木兰不夜城的火爆提高了入驻商户的经济效益，也带动了周边村镇的经济发展。与木兰花乡景区相邻的姚家集街道，住宿、餐饮等行业的经营状况明显好转。不少游客在景区酒店满房后选择到街道上来住宿，在一定程度上带动了本地商家的经济效益。

木兰不夜城的打造究其本质还是乡村振兴，它很好地处理了农业、农村、农民的根本性问题。

"我们通过'同心聚力·共同缔造'，以党建为引领，发动群众、组织群众、依靠群众，让资源变资产、农民变股东、民房变民宿、乡村变景区。"木兰花乡景区董事长同时也是杜堂村第一书记葛天才一语道破木兰不夜城运营逻辑。

2014年，时为武汉万中建设有限公司董事长的葛天才响应"能人回乡、企业兴乡、市民下乡"三乡工程号召，回到家乡，恰逢黄陂区依乇姚家集街道杜堂村，打造"木兰老家·美美与共"统战助力共同缔造实践创新基地，通过发挥"陂商"作用，助力乡村振兴。

在政府前期建设的基础上，葛天才投重资，完成5个自然湾、257户村庄基础设施建设和房屋改造，村庄面貌焕然一新。

　　"要想乡村发展，必须有一个能持续造血的产业"在市区相关部门指导下，葛天才成立武汉木兰花乡旅游发展有限公司，打造木兰花乡景区，以旅游带动乡村振兴。

　　"过去85%的村民外出打工，村里的房子都是闲置的。"木兰不夜城游客的大量增加造成仅有的配套设施短缺，为盘活资源，杜堂村成立旅游专业合作社。合作社对农房进行统一设计和管理，建成农家乐、商业、文创、民宿四个街区。村民加入合作社后，从过去的单一务工，转变成土地流转、房屋入股保底分红、家门口就业及依靠景区资源小本创业。"100平方米的房屋每年至少分红1.6万元，合作社实施10%保底分红，上不封顶。"

　　杜堂村村民葛位利曾以5000元的价格出售自己的房子，结果无人问津。后来葛位利的房屋被打造成特色民宿，节假日一房难求，"过去5000元没人买，现在50万元我也不卖！"

　　在区委统战部指导下，木兰不夜城180余家商户成立"商户联盟"，通过共谋共建共享，引导商户参与管理，提升景区口碑和经营质量。同时，景区采取免租政策，仅收取收入的10%作为卫生管理费，鼓励附近村民和景区工作人员参与景区多元运营。

　　从拓荒到出圈，再到新一轮领潮，杜堂村走出了一条强力拉升的发展曲线。2022年，杜堂旅游专业合作社年营业额达500多万元，户均年营业额25万元，村集体每年入股分红达10万元，成为全国"乡村振兴"样板。

　　大江大湖大武汉，好夜好色好木兰。木兰不夜城是促进农商文旅联动融合发展的生动实践，这场民族传统文化的视听盛宴，必将书写夜经济引领中国乡村振兴新篇章。

"明月·山海间"打造中

"明月·山海间"打造后

QINGDAO MINGYUE MOUNTAIN AND SEA
"明月·山海间"
"绿水青山就是金山银山"的
文旅可持续开发

项目位置： 山东省青岛市城阳区红岛火车站附近

项目简介： "明月·山海间"是轻资产不夜城3.0复合型商业步行街，植入《山海经》文化元素，将中华传统文化融入现代夜经济业态，用文化IP激活夜间经济发展新赛道，打造为全国首个《山海经》主题的特色街区。

项目价值： "明月·山海间"文旅街区于2023年6月30日正式开业，经过短期预热，在开业之前，已经累计有40万人次客流量。端午期间，"明月·山海间"被央视四次报道，点赞"明月·山海间"古今文化交融碰撞，具有浓郁的人间烟火气。强大的不夜城IP拉动地区夜经济市场循环，为青岛夜经济发展注入新活力。

夜经济新模式

轻资产不夜城点亮文商旅地

The Nightlife Block to Enliven City Asset

"哥儿,有画儿的'三哼经',我给你买来了!"

"我似乎遇着了一个霹雳,全体都震悚起来;赶紧去接过来,打开纸包,是四本小小的书,略略一翻,人面的兽,九头的蛇,……果然都在内。"

《山海经》是我国古代三大奇书之一,书中囊括名山棋布的海内华夏和四海之外的广大世界,含有天下和全世界的巨大意义,难怪鲁迅在《阿长与山海经》中对其如此"痴迷"。精卫填海、女娲补天、大禹治水……这些《山海经》里记载的奇兽异事都是中国人从小熟知的启蒙故事,也是我们对于美好世界的希望与幻想。

现象：

复活上古文明
不夜城藏着中国人的千年浪漫

　　对于刘磊来说，《山海经》是他一直追求实现的一个梦，他想复活上古文明，为所有中国人圆梦，并将千年中华泱泱文化价值观通过人们喜闻乐见的方式传递给世界。他在一次采访中说："从做文旅人的那一天开始，《山海经》就是我的梦。这个梦如果只是一个梦，即使我再努力、再'成功'，我的梦都不能说是圆满的。"

　　2023年6月30日这天对于刘磊来说，意义非凡，他将《山海经》里的神话宇宙以"不夜城"为载体复活出来。青岛"明月·山海间"不夜城是全国第一个以《山海经》为主题的特色街区，并在此基础上开创了多个"第一"，全国首个以"绿水青山就是金山银山"为设计

55

意境的文旅街区；同时也是全国近60个沿海城市的首个不夜城街区。

自2023年6月10日内测以来，"明月·山海间"游人如织，热闹非凡。到6月30日开业之时，"明月·山海间"累计客流已超过100万人次，被央视新闻多次报道，早已名声在外。

我国大陆海岸线长达1.8万公里，东海、黄海、南海、渤海四大海域贯穿陆地，各沿海城市风光迥异、历史民俗丰富，远比青岛合适建设不夜城的区域很多，为什么首个"沿海不夜城"会选择青岛呢？并且上古神话《山海经》与它又有何关系呢？

其实在此之前，刘磊团队通过古籍考证、专家访谈、实地考察等多方研究发现，《山海经·海内北经》中记载有海中小岛"小青岛"，青岛因此得名。据相关考证，青岛市的胶州湾很有可能是《山海经》

里的"汤谷"，胶州湾是青岛母亲湾，城阳区又位于胶州湾的核心区域，在青岛城阳区建设以《山海经》为主题的不夜城最合适不过。

青岛是"五四运动"缘起地，民国初期更是与上海、天津合称"上青天"，成为当仁不让的一线城市，青岛向来走在国际前沿。海洋文化是青岛底色，党的二十大提出"发展海洋经济""加快建设海洋强国"。高质量发展我国海洋旅游成为构建海洋命运共同体、共建21世纪海上丝绸之路的首要任务。夜经济的打造正为海滨城市旅游产业升级提供了新机遇。

敢想敢干的青岛人与"轻资产不夜城"创始人刘磊一拍即合、大胆创新，以《山海经》文化经典为依托做场景设计，精致国潮为主线、以远古生物、奇珍异兽为图本，以现代灯光、舞台搭建为背景，结合中西建筑美学，塑造出海梦奇潭、山林蜃境、熔岩海浆、万象山海四大特色主题场景，立体彩绘、动静结合等方式再现《山海经》中的异兽鬼草、九尾狐、帝江等神话形象，重现上古时期神话传说，并将青岛啤酒、琴屿飘灯、五四广场等青岛元素融入其中，形成一个集食、住、游、购、娱、享于一体的复合型商业步行街。

57

刘磊说："文旅人最大的资本其实只有两个，一个是生养我们的祖国大好河山，一个是老祖宗给我们留下的传承至今的文化。所以，我的梦是打造一个寻梦远古、筑梦现在、追梦未来的不夜城，让人们有所感悟，有所警醒。我们希望，将'明月·山海间'青岛不夜城打造成'绿水青山就是金山银山'理论的一个精彩注脚。"

青岛"明月·山海间"将"绿水青山就是金山银山"的可持续发展理念植入设计运营，以中华传统文化融入现代夜经济业态，尽最大可能维持经济发展与生态环境之间的精细平衡，走生态优先、绿色发展的路子。

让文旅价值回归优秀传统文化，这是锦上添花文旅人的一次大胆实践，也是对中华文化高度自信的结果。其实最开始建设时，一些网友并不看好这个项目，认为费时费力还费钱。2023年4月初，城阳区河套街道红岛火车站还是一片空地、夜间人烟极其稀少，短短48天，"明月·山海间"实现了从无到有、从有到优的转变。

2023年6月10日开始内测，人流如织，原设定的开放空间不得已改为预约进入。6月30日正式开业，当夜，20000平方米的空间里挤进去超过6万人，导致方圆5公里交通瘫痪。一位古稀老大爷说，活了一辈子，第一回见这么多人！

"明月·山海间"不夜城为青岛献上充满活力的夜间场景，更赋予了这座城市旺盛的生命力。走在"明月·山海间"不夜城，沉浸式氛围如同穿越到上古，外墙上的立体雕塑和平面绘画上刻有

大量青岛本地名胜古迹，更让人眼前一喜。

除了令人震撼的人气与流量，不夜城的可持续化拓展青岛本地的夜经济模式，项目内外启动大规模招聘，不仅吸收了部分中小创业者及就业困难者近百人，还帮助中小微企业和个体工商户纾困解难，为当地百姓提供了多种多样的就业机会，直接拉动了地区民生经济发展。如今"明月·山海间"不夜城二期正在延伸建设。

正如刘磊所说："我从来没有怀疑过'明月·山海间'不夜城这个项目。因为我们的背后是基因强大的中国传统优秀文化！突破轻资产运营模式，结合中国传统文化经典，不成功，只能说明我们努力得不够。所以青岛'明月·山海间'不夜城这个项目，对文旅人来说意义重大！远古的青山绿水，是梦，也应是文旅人恒定不变的导向。文旅人的梦就应该和'青山绿水'并道同行！因为我们别无选择。我们文旅人要想可持续发展，可依仗的只有'青山绿水'和优秀的中华传统文化。这是《山海经》馈赠给我们的第一个珍贵密码。青山常在，绿水长流。这是我们的梦想更是我们无可推卸的责任！文旅人的义务和担当和'青山绿水'、中华传统优秀文化是一体的！不可分割的！"

开街当晚，通过无人机展演《山海经》中西王母座下的涅槃青鸟，现场光影交错，声电合鸣，一只远古凤凰自我奋争砥砺、最终重生的过程。凤凰是中华民族的图腾，翱翔九天的凤凰象征着锦上添花团队高远志向的自我放飞。

59

理论：

街区游乐园
更新城市的文旅巧创意

青岛"明月·山海间"不夜城结合青岛地域山、海、城的城市风貌特征，按照建设有中国特色、地方特点总指引，建构了幻音奇景、如梦泡影、一念飞天、秋千物语四处大型舞台，包括麒麟祥瑞、章鱼精灵、青山流水、明月沧海、青岛佳酿、青岛美人鱼等在内的17个行为装置。不同地点、全时段进行的主题演出更是拉满了街区与游客的互动效果。四海归鸿、电音广场、篝火裙楼三大活动广场的各种娱乐活动层出不穷，人气爆棚。

"明月·山海间"其实是刘磊团队推出的轻资产不夜城3.0产品，具有多、快、好、省、迭、灵、潮、播的特征。青山绿水风格和《山海经》文化的装点，让城市夜晚充满奇幻色彩，充满趣味性的娱乐设施，与街区形成配套。

刘磊团队这一次突破常规夜经济模式设计，在城市街区中植入故事、乘骑、表演、巡游、购物这些主题公园运营元素，创造了

一种"街区游乐园"模式。整个街区建立起"食、住、行、游、购、娱"于一体的闭合式消费产业链，是集娱乐、夜游、教育、亲子为一体的多功能乐园，这无疑为城市更新提供了又一解决方案。

"明月·山海间"不夜城归根结底并非硬件的搭建，而是在讲述属于我们的文化故事，讲述城市的记忆，这也是文明基业的意义。

我们需要什么样的城市生活空间？不是一条一到晚上就无声无息的空街道，也不是一场暂时性的网红项目，而是能够激发当地的传统文化，又能让当代人发出必要声音、说出当下故事的可持续叙事方式。

无论是商业街还是景区，文旅景观有多种不同业态结构，"轻资产不夜城"对于城市更新，最终是为了我们城市和公共空间得以更为良性发展。其实在近二十年西方社会就上演过一种被称为"绅士化"（gentrification）的都市更新，它更注重资本需求和财富扩张胜过

61

居民福利。而城市街区能否成为一个活力公正的空间并不是由多少国际大牌、时尚店铺组成，而是可持续化运用我们的文化叙事来建构城市的精神与品格，深耕于我们文化土壤而使之长久且良性发展，我们需要的是一种共生的人地空间。

刘磊的不夜城设计似乎为我们的时代命题交出了一个当前看起来最为合适的答卷。传统与现代相互融合，创意与艺术激烈碰撞，气势恢宏、科技感满满的夜游大型舞台，以光影活动、演艺活动、互动活动、主题活动的多元展现构建夜游新目的地，为城市提供一个真正具有本地文化特质的公共艺术空间。

多年来，刘磊的"轻资产不夜城"一直在转型升级，如今3.0的"明月·山海间"积极发挥城市公共空间的美育功能，将文旅项目从私密美术馆的功能延伸至大众活动范围，让文旅美育深入城市，走向公众，创造夜文旅与城市街区的新联动。

刘磊曾在采访中表示，他和团队打造的不夜城希望能主动走进老百姓的生活，认识新人类、新生活，从而探索更多联系的可能性。另外，他也强调要适应年轻人的生活方式，在思考以怎样的方式，让年轻人觉得每天来不夜城

就和日常吃饭散步一样普通。

与此同时，不夜城也是让城市绝迹文化流动的一种方式。"明月·山海间"从外圈主街区到内部广场，各类主题活动轮番上演，一步一景，流光溢彩，为游客奉献一年400余场次的主题演出、花车巡游等行进式演艺文化盛宴，水中美人鱼表演、行为艺术表演等为游客带来强烈的视听冲击与体验。这既把本土那些或已销声匿迹的优质文化推广出去，也将外界一些新技术新资源流动进来。

"明月·山海间"不夜城的成功让更多人知道青岛的历史底蕴和现代繁荣，他们因"不夜城"前去打卡参观，而后了解到这个地方这么多宝藏文化。这也促进当地居民更多的聆听与看见、学习与共生，这才是构成城市空间应有的良性生态。

应用：

"以保护生态环境为导向的文旅开发"才是永久之道

人类历史从海洋时代转向陆地时代，但海洋文明绝不是作为一种抽象情怀而存在，也不应是"落后"的代名词。世界文明史，一大半属于海洋文明，中国的海洋文明也是源远流长。"明月·山海间"不夜城以上古《山海经》作为主体，其实是以山海为背景来记述古代先民敬畏自然、和谐共处的智慧。

锦上添花团队将当代人对上古时期"人与自然"之间的理解与想象融入"明月·山海间"，带动夜经济以及与之相关的海洋城市产业发展，对国人来说也是培养文化自信的好途径。

"明月·山海间"不夜城是首个以"绿水青山就是金山银山"为设计理念的不夜城，为我们平衡发展和环保的关系提供了思想指引和行动指南，"明月·山海间"不夜城开发模式正是国家战略一直提倡推广的EOD（Eco-environment-oriented Development）生态环境导向的开发。

EOD模式是"生态+经济"的重要抓手，是实现生态保护和可持续发展的重要方式，更是促进区域整体价值溢价增值的有效路径，产业导入及人才引进的关键举措。"明月·山海间"不夜城实施EOD模

式就是践行"绿水青山就是金山银山"理念，加强生态环保投融资，推进生态产品价值实现，支撑深入打好污染防治攻坚战和生态文明建设的重要探索。

《山海经》留给后代核心理念是人类可以利用自然，但要遵循其"道"。一切事物只有遵循其道，才能最终达到至善至美境界，这也是所有文旅开发应尊崇的本旨。

刘磊在他的《袁家村的创与赢》书里说："我不会以自己的陋见强加给别人，也不会以仰视的角度去迎合甚至刻意去拔高别人。但有一点是可以肯定的：有梦想的人绝不会停下自己实现梦想的脚步！有梦想的文旅人一定有自己坚定的职业操守和担当！"

如今刘磊正在一步步用自己的力量去让这个世界变得更好，沿着这条从绿水青山中开辟的道路，未来的中国一定既有现代文明的繁荣，也有生态文明的美丽。

"天山明月夜"打造中

"天山明月夜"打造后

MOONLIT NIGHT OF TIANSHAN
"天山明月夜"
构建新发展格局的强大循环基础

项目位置： 新疆维吾尔自治区乌鲁木齐市水磨沟区馕文化产业园

项目简介： 针对"天山明月夜"不夜城的打造，锦上添花文旅集团立足中国传统文化，深耕本地民俗特色，积极践行"文化润疆、旅游兴疆"的理念，以汉唐风格为总基调，以乌鲁木齐特色文化为依托，以丝路文化、馕文化为核心，通过文化展示、情景再现、情景演艺、创意科技等手法，将"天山明月夜"不夜城打造为集文化体验、美食畅享、夜间休闲、民俗娱乐、文创潮玩等于一体的汉唐风情文化旅游休闲区。

项目价值： 2023年6月22日，端午佳节，"天山明月夜"不夜城盛大开业，当日客流达4.9万人次，日营业额达106万元。同日，中央电视台新闻频道报道了"天山明月夜"不夜城端午的盛况。自此，"天山明月夜"不夜城一夜爆火，成为乌鲁木齐新晋的宝藏打卡地。开业17天后，"天山明月夜"不夜城热度一路攀升，客流量遥遥领先，销售额持续递增，实现了千万级的重大突破。在高德指南"热门景点"和"七月去哪儿"出游榜单中，"天山明月夜"不夜城以125.5万人之多的搜索量稳居第一。"天山明月夜"不夜城成为新疆全自治区经济发展的重要引擎和国内爆款旅游打卡点，对推动新疆全域旅游产业，实现更快、更好、更高质量发展具有积极意义。

2023年，被称为"旅游复苏"的一年，"新疆旅游"火了。五千一晚的民宿、一千一天的租车费、一万一人的团费、一堵就是一天的独库公路……新疆维吾尔自治区文化和旅游厅公布的数据表明：端午假期，全疆接待游客510.86万人次，实现旅游收入45.74亿元，无论是游客数量，还是旅游收入，都远超2019年水平。

坐上一列夜行的火车自东南向西北前行，夜里风声乍起，杨树们随之舞动。凌晨3点半，被硬卧车厢里此起彼伏的鼾声唤醒，起床坐到行道旁，拉开小窗上一层轻薄白纱。

一轮明月在云中浮现，明亮的月光，晕开在绵延起伏的山影中，"明月出天山，苍茫云海间"，李白不愧为一位伟大的诗人，他是第一个将雄伟壮阔的新疆美景和光明浩荡的月亮连接起来，展开了一个宏大场景，也为我们心境打开了另一扇窗户。那一次火车窗边的不经意一瞥，一幅天山明月夜的画卷，是一种缘分，也是一次跨越时空的神交。

现象：

不夜城空前盛况刷爆国人朋友圈

　　去过大西北多次，天山月给我们留下最难以磨灭的印象。群山起伏，明月朗照，已分不清是地上山还是月亮山。以后不管走到哪里，每当抬头望月，总会想起新疆那连绵的天山、一代一代的拓荒者，还有那里的葡萄、歌舞和大馕。

　　明月出天山，天山的月亮最圆、最纯、也最明亮。这次我们为"天山明月夜"而来。

　　"天山明月夜"不夜城位于新疆乌鲁木齐水磨沟区腾汇三路，是新疆首个宏大展现丝路风情的汉唐文化休闲旅游街区。街区在原水磨沟区产业园基础上转型升级而成，呈T字形，面积为11481平方米。

　　"天山明月夜"以汉唐风格为总基调，以乌鲁木齐市特色文化为依托，以丝路文化、馕文化为核心，通过文化展示、情景再现、情景演艺、创意科技等手法，打造为集文化体验、美食畅享、夜间休闲、民俗娱乐、文创潮玩等于一体的沉浸式汉唐国潮主题街区。

2023年6月22日下午6时，"天山明月夜"不夜城盛大启幕，喜迎八方客。随着欢快的音乐声响起，"天山明月夜"不夜城内身着汉服的小姐姐，莲步纤纤，打着油纸伞，缓缓而来。多个舞台上音乐舞蹈表演，构成了"天山明月夜"街头靓丽独特的风景线，从招亲广场沿着不夜城的街区遥看，流光溢彩，盛世繁华，光影交错间梦回大唐。

面对"天山明月夜"不夜城如此盛景，我们惊觉这不就是我们一直在寻找的那晚火车上的天山明月夜吗？

"天山明月夜"不夜城依托高质量夜游产品，通过极具创新度、辨识度和传播度的行为艺术演出，充分利用夜色特有的氛围感，以文化塑造夜游产品的内核，把无形的文化融入有形的体验中，让游客沉浸其中、陶醉其中。

游客赵晓曼来自山东临沂，她和朋友白天在乌鲁木齐市馕文化产业园参观馕文化博物馆，到晚上，专门来到"天山明月夜"不夜城拍照打卡。"街区仿古建筑高大宏伟，舞蹈演艺别具特色，真是不虚此行。"赵晓曼说，她拍了很多小视频发朋友圈，让更多朋友和她一块感受新疆夜生活的美好。

在高德指南出游榜热门景点中，"天山明月夜"不夜城位列乌鲁木齐市TOP1。相关数据显示，"天山明月夜"不夜城拿下乌鲁木齐市高德地图"七月去哪"榜和"热门景点"榜两个第一，遥遥领先。如此盛况，连乌鲁木齐市本地人都说：过年都没有这么热闹。

6月22日乌鲁木齐市首个沉浸式汉唐风情文化旅游休闲街区"天山明月夜"不夜城正式开城，开城第一天"天山明月夜"不夜城全天接待游客4.9万人次，营业收入106万元。

西安锦上添花文旅集团"天山明月夜"不夜城项目统筹设计方负责人乔经理介绍："'天山明月夜'不夜城是我们公司在全国打造的第10个夜经济文旅街区，主要以汉唐风格为主，融入了新疆特色；街区内的商品均以现场制作、手工制作，还原传统手工方式来呈现，更具市井烟火气，也更加符合当下市民消费理念。"

"来尝尝，这是玉米锅巴，味道是不是很独特？""天山明月夜"不夜城内的风味手工锅巴店主李瑞龙忙着招揽顾客品尝。下午4点，虽然还没有到正式营业时间，"天山明月夜"不夜城内的78家商户已经全部到位，各显其能，向过往路人介绍店内特色。

家住乌市沙依巴克区仓房沟路的黄一凡，每周都会约上朋友来逛逛"天山明月夜"不夜城，他排队40分钟买了一个家门口就有的馕，他说："这个馕，家门口虽然有，但在这里买感觉心情不一样，处处是美景，灯光闪耀，歌舞相伴，吃得也特别香。""天山明月夜"不夜城精心打造的亮化街景流光溢彩，让人在光影交错间梦回大唐，填补了乌鲁木齐灯光全景夜游的休闲旅游空白。

71

理论：

以节兴夜，
建设夜生活城市服务综合体

都说不来新疆不知道中国有多辽阔，晚上10点，很多城市都进入了休眠模式，而在新疆太阳才刚下山，新疆人民夜生活慢慢进入高潮。

乌鲁木齐夜晚灯火通明，大红廊柱、重檐飞翘、雕梁画栋、色彩鲜艳、造型别致……走进即将开街的"天山明月夜"不夜城，古香古色的汉唐风情建筑，一眼穿越千年。在夜间约上家人朋友，一起去"天山明月夜"不夜城潮玩78间特色街铺……这是乌鲁木齐人的夜生活，很是美妙。

乌鲁木齐市水磨沟区商务服务中心主任李云表示，"天山明月夜"不夜城是继水磨沟区六大特色街区之后，水磨沟区政府积极引进运营商，升级改造的又一个全新夜经济文旅园区，建成后将不断完善配套服务，进一步提升社会综合效益，努力打造成为乌市夜游经济新地标。

此外，"天山明月夜"不夜城设立招亲广场、篝火广场、电音广场及旱喷广场4个广场，通过开展各类特色的主题娱乐活动，增强

游客互动体验感。同时，"天山明月夜"不夜城还打造了酒店，并持续引入儿童游乐、文化摄影、数字体验等多种项目，丰富园区业态内容，可解决500余人就业。流光溢彩的人间烟火气点亮旅游回暖的希望，发展和鼓励夜游不仅是满足人们对美好生活需求的必然选择，也成为扩大消费、带动就业、助力经济高质量发展的内在要求。

"天山明月夜"的投资运营方新疆大馕城投资有限公司不断完善周边配套设施，让"天山明月夜"不夜城发挥出更大的经济效益和社会综合效益，为全疆乃至全国的游客带来欢乐，成为乌鲁木齐市水磨沟区文化旅游的一张亮丽名片。

针对停车难问题，"天山明月夜"不夜城在原有三个停车场6000个停车泊位的基础上，筹划建设第四个停车场，占地80亩，增加2000个停车泊位。对于外围流动摊贩规范管理，专门在西门区域设置创业市场，可提供150个摊位，分餐饮区、百货区以及文创区，满足游客购物需求，带动灵活就业。

在街区内部服务提升方面，"天山明月夜"不夜城在原有14个休息区的基础上增加了100余套休息座椅；在原有4个卫生间120个蹲位的基础上，增加了1个卫生间，新增50个蹲位。随着街区旁的功能

室逐步建成开放，将为游客提供更多休息区。

同时"天山明月夜"不夜城还适时调整餐饮供给和演艺，规范了食材和分量，增加了新疆烧烤等美食，所有商品明码标价。在14个舞台演艺的同时，增加"环球飞车""魔幻飞轮""特技表演秀"等新项目，在各舞台附近增加了大荡船、空中飞椅、旋转木马等儿童游乐设施及无人机表演。

后期"天山明月夜"不夜城运营方还会将相邻的乌鲁木齐市馕文化产业园纳入"天山明月夜"整体项目，实现"白天游玩在馕园、夜间沉浸式游玩住宿在'天山明月夜'"，整体反映汉唐时期丝绸之路风貌主题。

应用：

夜间文旅消费集聚区
促进一带一路双循环建设

新疆维吾尔自治区面积166万平方公里，人口2585.23万人，地处祖国西部边疆，衔接中亚与西亚，是"一带一路"建设的核心区，在"双循环"中起着重要作用，其深度融入"一带一路"建设具有十分重要意义。

2020年，新疆维吾尔自治区地区社会消费品零售总额为3062.55亿元，而当年全国社会消费品零售总额接近40万亿元，新疆社会商品购买力与全国平均水平仍存在一定差距。

新疆经济社会发展存在多层次的不平衡、不充分，都限制着新疆经济社会自身良性循环的形成，制约着"双循环"新发展格局的形成和效益的提升。因此，新疆融入"一带一路"建设的首要问题是解决自身经济循环问题，形成稳定的市场机制，及早将资源优势转变为经济优势，才能为国内循环的形成做出贡献。

夜经济新模式

轻资产不夜城点亮文商旅地

　　斗转星移，新疆站在新的发展坐标上。

　　"天山明月夜"不夜城以打造新疆旅游休闲区、夜间文旅消费集聚区、文化创意产业示范区、夜间经济示范区为目标，以当地特色文化资源依托，通过"文化+美食""文化+演艺""文化+娱乐""文化+灯光"模式，形成了独具特色的"文化+"融合型产业体系，有效实现新疆地方产业内循环的有序运转，实现当地民生经济的高质量发展，进一步缓解了地域发展上的不平衡、不充分问题。

　　另外，锦上添花文旅集团以"白+黑"的运营思维创造"天山明月夜"不夜城，用文化IP激活城市夜间经济发展的新赛道，通过利用新疆特有的人文优势，加强了与周边区域国家的人文交流。以"不夜城+"为核心，融入创意美食、网红演艺、情景互动、文化演艺等板块，形成多元化的文旅业态品类，让新疆风味风情可吃、可看、可触摸、可互动。

　　"一带一路"倡议作为中国版全球化，是中国提供给世界的全球化新范式；"不夜城"作为中国人的智慧体现，为应对新型全球化提供了有效的中国对策。

　　天山，是华夏千年的龙骨，它是国人心中的国魂。天山明月夜，更是千年中国永不落幕的神奇经典。

"盛世华疆·八卦城之夜"打造前

"盛世华疆·八卦城之夜"打造后

NIGHT OF THE PROSPEROUS HUAJIANG BAGUA CITY

"盛世华疆·八卦城之夜"
让城市成为开放性艺术馆

项目位置：新疆特克斯县三环乾街与坎街之间

项目简介："盛世华疆·八卦城之夜"是由锦上添花文旅集团打造的新疆首个综合性文旅街区，占地12000平方米，总长556米，道路两旁有66个灯架，27个行为艺术演艺舞台、12个游乐设备、106个特色岗亭，是集餐饮、休闲、娱乐、文化于一体的夜间经济文旅街区。

项目价值：该项目为居民游客增加了丰富的消费新场景，带来各类体验式、互动式、沉浸式的夜间消费新体验，极大提升了特克斯县的繁荣度、活力和凝聚力，"盛世华疆·八卦城之夜"开街20天，已经有超过31万人次的客流，抖音话题播放量达到202.6万次。

80

　　"太极生两仪，两仪生四象，四象生八卦"，人类始祖伏羲设计出中华传统文化标志性符号八卦图。以同圆内的圆心为界，画出相等的两个阴阳鱼表示万物相互关系。黑色阴鱼，白色阳鱼，表示白天与黑夜的和谐转化、生生不息。

　　新疆特克斯县拥有世界上最大、最完整的八卦城，这里街道布局路路相通、街街相连。夜晚降临、华灯初上，从空中俯瞰整座县城，一幅巨大的八卦图横亘在辽阔的土地上。

现象:

一条马路20个夜晚
来了30万人

　　国家历史文化名城特克斯县位于我国东六时区，因纬度高，海拔高，拥有超长白昼，日落时间普遍在22点左右。2023年6月9日，在这座八卦城里诞生了一条566米长的"八卦城之夜"夜街区，这条街区对于斗转星移的新疆之夜来说显得弥足珍贵。

　　"八卦城之夜"全名"盛世华疆·八卦城之夜"，是当地政府贯彻落实旅游兴疆战略和文化润疆工程的重点文旅项目之一，它位于八卦城三环的乾街与坎街之间，总占地面积12000平方米，总长566米。是一条集餐饮、休闲、娱乐、文化于一体的新疆首创夜间经济文旅街区。

81

"盛世华疆·八卦城之夜"由刘磊团队全案打造，街区布局采用"一"字动线形式，由一条长街加三大活动广场串联组成，融入行为演艺、互动美陈、智能夜游、衍生文创、娱乐打卡等诸多元素，街区两侧岗亭、花车将各个分区互相联动，为整个街区发展提供支撑。

"八卦城之夜"位于八卦的乾街与坎街之间，在八卦图中，"乾坎卦"是八卦中最强大的一个卦象，由天和水组成。"乾"代表天，象征着成功、进取和追求高峰的精神；"坎"代表水，象征着"聚财"。两者结合，正好构成"水在天上"，寓意持续增长的财运。

自开业以来，"盛世华疆·八卦城之夜"文旅街区旅游热度不断攀升，2023年端午节期间，更是迎来了高峰，日客流量达2万人次，日营业额达20万元左右，游玩体验好评率达95%以上。

截至8月1日，"八卦城之夜"的总客流突破100万人次，被央视新闻多次报道，《中国日报》、中新网等多家媒体争相报道"八卦城之夜"的璀璨盛况。

殊不知，在"八卦城之夜"开业的40多天前，乾、坎两街之间还是一条少人问津的普通马路。2023年4月，特克斯县的天气尚未回暖，路边的冰雪也未融化，干枯的树木站立在萧瑟的马路上，显得有些荒凉。

当接到"盛世华疆·八卦城之夜"的项目之时，时间紧、任务重，刘磊带领团队克服困难、统筹安排，从策划、设计、招商、演艺、营销、运营等方面全方位对"八卦城之夜"进行了精心雕琢，表现出极高的专业水准和工作魄力，体现出独有的设计理念和打造爆款的实力。

46天后，新疆第一条首创的夜间经济文旅街区拔地而起，繁华璀璨。"八卦城之夜"实现了从无到有、从有到优的蜕变，"街区+广场"的模式，拉长了特克斯夜食、夜购、夜游、夜娱、夜赏的旅游产业链。

刘磊团队不依托大城市，不依托大资金，不依托大景区，不依托大人口，短时间内在一条马路上创造了奇迹，以实际行动证明了"轻资产不夜城点亮文商旅地"模式的成功。

流光溢彩的"八卦城之夜"成为特克斯人夜游首选，每天都上演着乌孙迎宾舞、不倒翁小姐姐表演、杂技、宫灯花舞等节目，还有各类小吃、娱乐设施与文创产品。

一位广东游客邓华第一次来新疆，原本冲着"八卦城"而来，准备只待一天，在手机上看到晚上还有个"八卦城之夜"，很具有地方风情，索性他带着家人在特克斯找了一家酒店又住了一晚，他说："我非常喜欢这里的夜生活，看了精彩的表演后，仿佛穿越回了汉唐时期。特克斯县是一个历史文化深厚、魅力无穷、风景秀丽的地方。我去过喀拉峻大草原，感受了离街特色街区，观看了主题街区开街仪式，品尝了各种风味的美食，特克斯是个来了还想再来的地方。"

餐饮、休闲、娱乐、文化一体的"八卦城之夜"，已然成为特克斯县文化展示的重要窗口，极大提高八卦城易经文化在全国的知名度，同时增强了特克斯县各族人民自豪感、认同感与幸福感。

85

理论：

以艺术兴夜，
街头是城市流动的艺术馆

在"八卦城之夜"设计中，刘磊团队将传统文化与现代艺术体系相结合，大胆突破，不断创新。注重区域文化IP的搭建，擅长用文化IP激活夜间经济发展。

"八卦城之夜"在充分融合特克斯乌孙文化、西域文化、草原文化、易经文化等基础上，提取了当地的山地元素、特色花毡、唐风雕花、斗拱元素、丝路元素、八卦元素等，用于建筑造型、场景搭建、演艺创新、商业运营、文化渲染，着力强化夜经济发展导向。

整条文化街充满国潮古风元素，每隔10多米就有一个表演台，或以易经文化为主题，或以乌孙文化为看点，或以汉唐文化为底蕴。这条由无数装置艺术、视觉艺术、灯光艺术、人本艺术构成的开放性艺术馆，一度成为新疆最为知名的城市公共空间艺术作品，也让"八卦城之夜"成为大众打卡圣地。

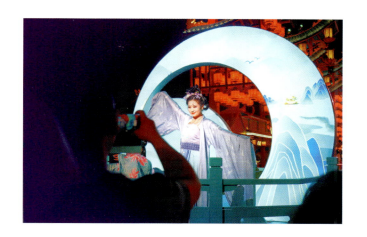

　　刘磊团队对于"轻资产不夜城"的设计营造，从未脱离城市的地理人文韵脚。不仅取材自在，更能如实在纹理脉络中呈现团队对于一座城市空间的刻画思考。

　　特克斯向来是一个充满艺术美感的城市，历史上赛种、月氏、乌孙、突厥、蒙古、柯尔克孜、哈萨克、维吾尔、汉等20多个民族人民在这繁衍生息，世界上唯一的乌孙文化与易经文化在这里交织。

　　在"八卦城之夜"，以解忧公主为主题人物的打卡点，吸引着四面八方的游客，人们在此倾听她的传奇，瞻仰她的丰功伟绩。同时应用《周易》中八卦对应着八种动物，如乾马、坤牛、震龙、巽鸡、坎豕、离雉、艮狗、兑羊等，"八卦城之夜"将八卦吉兽复刻上街，展现出一座城市的气质与形象，也蕴含着城市深刻的文化特征与思想精髓。

87

　　"八卦城之夜"是人们触摸那段城市文明的美学介质，从现代回望过往，打造文明发展的时代烙印。当"八卦城之夜"以一种艺术形式融入城市，更新了城市的外在面貌，也提升了城市的文化品位，为城市注入更多人文气息。

　　随着越来越多游客漫入"八卦城之夜"，这种"入侵"所带

来的不仅仅是新鲜的城市面貌，也从更深层次激发起居民游客与城市的精神共享和情感互动，为游客在一座城中"诗意地游玩"提供更多可能。

如今城市美学不断走入人们视野，艺术正在为城市更新提供源源不断的灵感，也在为激发消费活力、提升城市竞争力注入新的动力。

艺术不应局限于专门场馆，而要呈现于更多公共空间，才能更容易走进人们心中，以美育人、以文化人。"八卦城之夜"让游客在一场场"沉浸式体验"中，收获美的享受，焕发出更为丰富的精神世界。

"轻资产不夜城"是一种壮美的、浑厚的、融入血肉般的结构气势，它重重抬起，在寂静的黑夜中发出一声巨响引人深思，而又轻轻放下，静默引领来访者穿越千年，重走文明之路。

应用：
一封过去写给未来的情书

如今，城市公共文化服务"缺不缺、够不够"问题总体上得到解决，"好不好、精不精"问题越来越凸显。过去几年，城市建设多投多建导致资金爆雷等情况屡有发生，在疫情的压力下，这条路越走越

窄。重资产模式灵活性低、风险大，小而精的轻资产项目成为新方向。

如今自我更新到"3.0时期"的"轻资产不夜城"是在城市已有闲置土地或存量空间上进行改造的一种"轻资产模式"。通过转型"文旅夜街区"，提升城市空间的生命质量，大幅降低城市公共空间的投建成本，吸引多元消费、缩短回报周期。

"八卦城之夜"一路演尽历史，且歌且行，一个根植于远古智慧秩序的现代艺术馆，在传统与新潮的兼容中抒写。

让街头成为城市"开放性的艺术馆"，用艺术滋养城市的神经末梢，将更好满足现代游客对精神文化的追求。一个充盈着艺术文化趣味的城市空间，也将收获更多认可，释放出更多活力。

"盛世华疆·八卦城之夜"基于文化润疆、旅游兴疆的战略，用演艺活化文化，用文化演变艺术，用精神碰撞传统，结合本地特色民俗文化，为人们生活带来更加超乎寻常的沉浸体验。

"天地交而万物通，上下交而万物同"的特克斯县，是中国古老智慧的现代载体；闪亮在八卦城的乾街和坎街之间的"盛世华疆·八卦城之夜"已成为中国夜经济升级迭代的神秘标杆。

89

"象州梦幻夜"打造前

"象州梦幻夜"打造后

XIANGZHOU DREAM NIGHT
"象州梦幻夜"
智造民族品牌彰显中国魅力

项目位置：广西壮族自治区象州县吉象路

项目简介："象州梦幻夜"是全国首个国风科技文旅街区，以国潮、科技、展演、多元、梦幻为设计理念，打造出一个沉浸式的参与剧场。通过造节、演艺、美学、互动，快速聚集人气，运用新型国潮、元宇宙、赛博手法诠释当地文化，结合神兽图腾特定文化元素构建演艺、巡游、美陈、娱乐、文创、岗亭、牌楼、美食等场景，并将场景植入街区，形成吃中有购、购中有娱的商业闭环。

项目价值：2023年8月19日，"象州梦幻夜"正式开街，当日接待游客达8万人次，获得多方媒体广泛关注。"象州梦幻夜"展现出象州夜经济的新活力，为秀美、质朴、发展、好客的广西再添一张文旅黄金名片。

"折一把纸扇，着上一身青衫，烟雨朦胧中，漫步柳岸边"，在大国崛起与文化自信的背景下，国潮已经作为一种文化方式和生活态度，深深渗透到大众生活中。

根据《百度2021国潮骄傲大数据》显示，国潮在过去10年关注度上涨528%，"中国故事"正在通过极具创意的形式、年轻化的表达，融入消费领域，尤其受到更多新青年们的青睐。

从国潮1.0时代的经典国货到国潮2.0时代的中国智造，再到文化、科技全面开花，国潮走向3.0时代，一种国货、文化、科技的"全面化新国潮"正在兴起。

现象：

开业不到一月，
登上同城流量TOP榜第1

　　"象州梦幻夜"是刘磊团队在全国范围内布局的第11个不夜城，也是全国首个新国潮科技文旅街区。

　　这次不同设计是以"新、奇、特、古、幻"为基本原则，以国潮、科幻、展演、多元、梦幻为理念，"象州梦幻夜"项目以象州本土的文化底蕴与民俗非遗为主线，结合5G、VR、AR等现代科技，融合国潮元素与网红思维，融入"吃、喝、玩、乐、购、休、秀、闲、娱、康"十大文旅元素，突出夜游观光、民俗体验、美食品鉴、情景互动四大主题，是集新国潮、科幻、展演、多元梦幻融合一体的沉浸参与式剧场。

　　位于广西来宾市象州县的"象州梦幻夜"占地面积3.2万平方米，由象州县汇通国有资产运营管理有限公司与锦上添花文旅集团联合打造。这次街区设计呈现"环"形动线形式布局，主街区总长700米，街宽24米。街区内设立了13处主题演艺舞台、60个国潮灯架、24处美陈、5处广场和10处

93

网红打卡点，以及120间商铺，并配套大型游乐园，为游客带来全方位的国风科技文旅体验。

"象州梦幻夜"将壮乡文化和中国传统文化结合，一步一景，以中国四大神兽作为切入点，东青龙、西白虎、南朱雀、北玄武，围绕四象布局四条主街。白虎寓意少年，初生牛犊不怕虎；朱雀寓意青年，展翅高飞朱雀鸣；青龙寓意中年，枝繁叶茂青龙吟；玄武寓意老年，上善若水玄武藏，整体表达象州"生生不息"的可持续发展理念，也向外传递象州千年古郡的人文风情。

2023年8月19日，经过一段时间的预热，"象州梦幻夜"正式开街。

夜幕降临，"象州梦幻夜"文旅街区大门口敲起欢快锣鼓欢迎游客，身穿傣族服饰的姑娘跟随傣族舞蹈的步伐，用枝叶给游客洒水送祝福；水池两侧大型水枪在摇摆中源源不断地往池中喷水，威武雄壮的象州阿哥和游客相互泼水嬉戏，现场水花四溅，一夜狂欢拉开帷幕。

　　跨越漫长的时空，历史文化与现代文明在这里连接。近百人的演出阵容，每晚50多个节目，不间断遍布各处。

　　下午5时，现场下起雨，但丝毫没有影响到游客们的游玩热情，他们张伞如盖，涌入街区，漫步在古色古香的雨巷中，当夜超过8万多人一同来见证这个盛大的开业时刻。唐宫乐舞，光影夜色，游客一秒就踏入美轮美奂的国风演艺盛宴。13个舞台交错出演，演员在轻歌曼舞中与游客互动，代入感极强。

　　重庆女孩小雪是国潮文化重度爱好者，这次她特地穿着一身汉服来到"象州梦幻夜"，刚参加完篝火广场舞会，小雪急忙赶赴下一场表演，她说她十分喜欢听广西的非遗彩调戏曲，这是一种以桂柳方言演唱，和当地民间俚曲结合的一种广西独有传统戏剧，内容谐趣、唱词明快活泼。整晚玩下来，小雪对象州乃至广西的地域风俗故事有了极大认知。

　　整个文旅街区还有《象州美人鱼》《山水象州》《古琵茶女》等多个特色节目轮番上演，为游客带来一场场如梦如幻的文化盛宴。"象州梦幻夜"文旅街区沉浸式空间、"街区+剧本杀"的模式，形成不夜城的新玩法，实现对传统文化基因的审美再创造。

　　"象州梦幻夜"成为"新国潮"代表，通过植入传统文化的现代审美价值，将传统文化与现代工艺、技术、设计等相结合，重塑民族品牌、强化民族自信，不夜城探索出一条传统文明在现

95

代社会的新颖承载和传播方式，展现出象州发展新活力。

刘磊所有的不夜城设计均立足于中国传统及本土文化，通过经典故事来展现"轻资产不夜城"的品牌内涵，将感性的情感融入理性的价值创造中。"象州梦幻夜"开街不到1个月，便已登陆并霸榜来宾市特色商业街第1名，来宾市景点人气榜第1名，抖音同城榜第1名等多个平台，成为象州县的流量高地。

理论：
以科技兴夜，
升级文旅新消费

有人说："商品的生产本质是一个文化和认知的过程：商品不但是被物质生产的物品，而且是刻印了某种文化的东西。"消费是一种表达，"象州梦幻夜"项目是全国首个以"新国潮"为主题的文旅街区，它的火爆正与中国科技产业、高端制造的崛起息息相关。换言之，"不夜城"高性价比、高品质商品的文旅消费供给，满足了年轻人对美好生活的期待。

近年来，文旅领域的国潮现象已成为备受关注的社会性话题。随着当下

97

国潮、国风成为社会新时尚，中华传统文化的传承方式获得创造性发展，也迎来诸如博物馆热、国潮服饰热、中医热等文化现象，为大众深入感知传统文化魅力提供了绝佳契机。

"象州梦幻城"最初聚焦于中华传统文化与新科技、新技术等潮流元素的文旅空间，形成了独具品牌风格的城市夜游潮流，并逐渐从具象载体形态演变成精神文化现象，扩展至城市品牌、街区设计、艺术应用、灯光照明等诸多领域。可以说，刘磊的"轻资产不夜城"的发展催生了具有文旅社会普遍性的新国潮现象。

作为文旅新消费语境下的商业议题，不夜城丰富着大众的文旅消费体验，并充分体现着产业、文化、科技、政策、游客、建设方、运营方等多重影响因素的综合作用。"轻资产不夜城"将中国传统文化与现代时尚审美相结合，通过新颖科幻的产品或服务更新传统文化的表现形式，回应社会文旅消费需求。

"象州梦幻夜"在充分挖掘象州传统文化的基础上，以魔幻化、夸张化、互动化、创意化为整体设计理念，将"今"与"古"相融合打造出一片"国风科技"沉浸式文旅街区。它的"潮流"与"个性"符号消费中潜藏着社会与文

化心理的需求，通过游客对广西壮乡文化价值的认同实现其意义。

近年来，新国潮已成为当下时尚消费趋势，并生成特定的文化形态和内涵，呈现为品牌调性或为行业新消费方式。正如法国哲学家鲍德里亚看来，消费并非物质性实践，而是在食物、衣服、汽车和影像视觉等物品或信息中被体现和表达的有意义的东西，构成了符号的系统化操控活动。

"轻资产不夜城"的设计是传统文化符号与当代文化消费交织的产物，整个街区实现着传统美学精神与当代时尚审美的完美结合，并在新时代激活传统文化的创造力和生命力，让人们在现代消费场景中感知传统文化，并为新消费赋予更多"传统意义"。

如今新国潮不仅彰显着Z世代年轻群体个性化的生活态度，也逐渐被不同年龄段的消费者接受。在"象州梦幻夜"中，人们通过消费传统文化符号收获认同价值，通过身份认同实现对于意义的感知。

如今刘磊在全国全面布局不夜城建设，是为了使不夜城成为大众熟知的夜生活消费方式，让"轻资产不夜城"成为一种普通的文化样式，一种用来展示一个时代场景、社会意义的方式。

应用：

闭环式运营实现
"中国制造"向"中国智造"

　　法国哲学家鲍德里亚说："消费的真相在于它并非一种享受功能，而是一种生产功能。"新国潮的发展使得传统文化资源转变为市场优势，不仅表达中国传统审美风尚，也推动着我国经济产业的调整与转型，以实现"中国制造"向"中国智造"的转型。

　　IP要衍生产业链，并形成线上线下造血闭环。刘磊的"轻资产不夜城"商业模式的成功在于全产业链布局。"象州梦幻夜"项目举行签约仪式期间，来自内蒙古、新疆、湖南、黑龙江等省（自治区）20多个城市的上百家商户齐聚象州寻求商机。原意向商户约有1128家，优中选优，涵盖非遗手作、餐饮小吃、作坊购物、旅游网红点打卡等，最终选定51家商户举行集中签约仪式。

　　从前端设计到中期建设再到后期运营，从线上宣传到线下食住游购娱的全链收入，加上招商、地产销售部分，"不夜城"IP力不断放大，形成巨大的盈利闭环，而其街区运营模式，成功在于对"欢乐创造财富"理念的细致执行。

"轻资产不夜城"的兴起为"中国制造"带来新发展机遇，现场设施设备、文旅服务的升级，将传统文化与新兴科技的相融高度契合当下中国制造业转型的新趋势。

刘磊团队精选合作单位均为中国本土品牌，从街区精美装置到舞台灯光全是中国制造产品，而后在国产创新技术加持下，有效打破了传统上"中国制造"生产、消费与服务之间的界限。

同时不夜城重视线上传播，通过实现消费者与不夜城之间的互动分享和产品服务，加强消费者对街区的共享共创，从而产生归属感。与此同时运营方也能精准把握住消费需求，赋能"中国制造"产业链的提质升级。

"轻资产不夜城"将智能新技术融入文旅夜经济当中，映射出人们对民族文化的热爱，不夜城形成的文化消费实践活动也将深深加强消费者对中华文化的自觉与自豪，在赢得社会认可的同时传播着中国文化。

竹泉村改造中

竹泉村改造后

ZHUQUAN VILLAGE

竹泉村

实现传统景区的可持续化发展

项目位置： 山东临沂

项目简介： 整个旅游区以沂蒙原生态古村和沂蒙山乡民俗为资源优势和文化特色，是具有显著沂蒙特色、泉乡个性、竹乡景观、农家风情，融度假、休闲和观光功能于一体的北方沂蒙山乡综合性旅游目的地。

项目价值： 2006年前，竹泉村人均收入低，是远近闻名的贫困村。如今景区年游客量过百万人次，直接旅游收入近亿元，带动村民收入大幅提升，走上脱贫致富小康之路，是水利风景区助力乡村振兴典型样本，荣膺"CCTV中国十大最美乡村"。

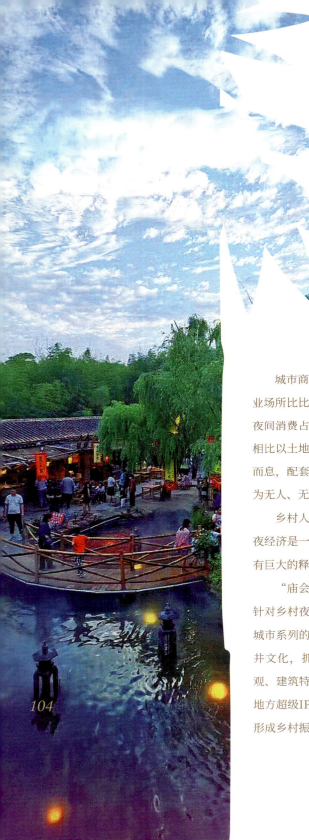

城市商业发达、灯火通明，24小时营业场所比比皆是，数据统计，一线城市的夜间消费占据每日消费比重的50%以上；相比以土地为生的乡村，日出而作、日落而息，配套设施短缺造成一入夜乡村就成为无人、无声、无光的"暗黑禁地"。

乡村人的夜晚是枯燥且无聊的，乡村夜经济是一片亟待被点燃的宏大蓝海，具有巨大的释放动能。

"庙会大魔方"是锦上添花文旅集团针对乡村夜经济推出的有别于"不夜城"城市系列的新物种，因地制宜瞄准乡村市井文化，抓取乡村美食、民俗、自然景观、建筑特色等元素，打造沉浸式文商旅地方超级IP，协同城乡资源合理化配置，形成乡村振兴的一个有效抓手。

现象：

村晚也疯狂，
竹泉村三天收回改造成本

临沂竹泉村是锦上添花文旅集团打造"庙会大魔方"系列"最快见效"的产品之一，2020年仅通过"五一"假期三天就收回全部投资成本。

在这期间，竹泉村景区门票卖了1500万元，加上几百万元的街区二次销售，总销售额达到近2000万元，相关文章阅读并转发量达到70多万次，荣获"CCTV中国十大最美乡村""中国乡村旅游模范村"等荣誉称号，竹泉村在新冠肺炎疫情最严重期间实现了一场漂亮的市场重启。

竹泉村原是沂南县里一个偏远穷山村，因村中"清泉多竹"而得名，那时年轻人均外出打工，村庄里仅剩一群风烛残年的老人与一片枝繁叶茂的山竹。

一到雨季，水漫全村，老人更是被围锁在几十平方米的破烂竹房，外出不得，同样400多年来也一直没有外人愿意走进这里。

竹泉村想要改变，便要发挥自然形态特色。因满村四季常绿的15米青竹，清幽雅致，竹泉村成为北方难得一见的"世外桃源"，保留和传承了沂蒙山乡特色的民俗文化。

终于等来"锦上添花"团队，他们拨开围绕竹泉村百年的竹云，通过"主题、气氛、业态、文化艺术"等多维度全面升级，着力培育时尚健康的乡村夜经济，用付出、汗水与实力为竹泉村带来场景和顾客，一条驻村美食街的设计也用人气和消费抚慰了无数夜间无处安放的灵魂。终于这片美丽且温暖的圣地被越来越多"哥伦布们"熟知。

其实这个项目接手在2020年年初，那时国内新冠肺炎疫情暴发，打了文旅市场一个措手不及，这对经验充沛的锦上添花团队来说也是非常棘手的。竹泉村项目设计总监杨小江说，"建设期间我们驻扎在项目地，每天醒来不知道今天又会遇到什么事，稍微有点变动，我们的设计稿就要重新修改，每天我们都要修改上百张"。

当时他们面临的第一个问题是：构建竹泉村美食街时买不到装修材料。

当初原本计划使用"不夜城"模式里的移动装置，包括美食餐车、表演展示等设施设备，由于疫情严重，相关工厂均已停工停产，但项目不能搁置，要如期交付，该怎么办？

办法总比困难多，竹泉村项目设计总监杨小江说："于是我们因地制宜，就地取材，村庄竹子木头多，那我们就用本土竹木草石作装修材料，例如用竹筒做灯，打造出的街区与村庄环境融为一体，效果出乎意料的好。"

一个问题刚得到解决，随后更多问题接踵而来。整体设计方案已经完成，可到了具体实施，工人居家隔离，没有施工工人让项目再次面临夭折。正当竹泉村管理方与现场作业团队一筹莫展之时，锦上添花文旅集团董事长刘磊得知这一情况，立马拍板钉钉，下发指令："诚信第一，没人干我们就自己干，也要在约定时间内完成项目。"于是刘磊团队设计部、演出部、商务部等各部门工作人员从全国各项目地想办法开临时证明，驱车千里，来到竹泉村现场，保证了项目的稳步前行。

当时刘磊在项目群里给员工留言："做任何事情，如果我们不做出努力，不付出代价，不去创新，当疫情过去的时候，我们一样没有收获的机会。"

2021年"五一"假期竹泉村正式对外开放，游客量达到19.7万人次的历史新高。竹泉村游客络绎不绝、比肩继踵，为处于疫情中低迷的文旅经济带来有望恢复的信心与能量。

夜色降临，竹泉村也迎来一天最热闹时候。泉水潺潺、竹影摇曳的美妙夜色中，游客孔明景碰上一年一度的"吃货节"，竹泉村丽水商街，上百家各具特色、独一无二的餐饮小吃、民俗作坊、文创店铺，丰富了孔明景的游玩体验。

"这里的小吃餐饮、民俗作坊家家都不一样，选择太多了"，孔明景对此十分惊喜。竹泉村美食街是锦上添花团队精心设计，保证"一店一品"，顾客既不用担心吃什么，而且每一样小吃及全省名优特产都是团队精挑细选而来，在同一品类的众多竞争者中择优选择，保证了小吃味道。

竹泉村美食街的火爆，给了游客一个不得不来竹泉村的理由。

理论：

以旅兴夜，让农民摆脱土地依赖

千百年来，土地对农民来说既是上天的赏赐，也是一种无形中的桎梏。随着新时代乡村振兴上升到国家战略层面，资本、人才、技术逐渐下沉到乡村，土地不再是农民的唯一依赖，竹泉村里的农民既可"靠天吃饭"，又可"靠技挣钱"。

竹泉村是山东省第一个系统开发的古村落旅游景区，围绕乡村"山、竹、泉"，以沂蒙原生态古村和沂蒙山乡民俗为资源优势和文化特色，打造具有沂蒙特色、泉乡个性、竹村景区、农家风情的生态休闲旅游度假区，以"竹泉模式"奏响乡村新经济的华丽序章。

在开发之初，竹泉村秉承"先保护、后开发"原则，确定建设新村、腾空古村的"一古一新"理念。

"一古"在最大限度保留古村原有风貌系统，以旅为导引，打造旅游接待服务吸引核，保留着老一代沂蒙文化的根，成为新时代新乡村生活综合体验地。

不可否认的是，当今人们确实离土地太远了。"传统村落保护第一人"冯骥才曾叹息心痛："我国的很多传统村落，就像一本厚厚的古书，只是来不及翻阅，就已经消亡了。"

而竹泉村的乡村生活，真实而又具体。吸引城市游客来到竹泉村，参观体验沂蒙摊煎饼、编竹筐、纺线织布等民俗、展现劳作场景、参与骑马、射箭等竞技性游乐项目。游人来到这里不仅望得见山，看得见水，也能体会到浓浓的"乡愁"和"乡情"。特别是青少年可以感受到中华民族源远流长的农耕文化韵味。

中国人生来就落地生根，半截身子插入土壤。竹泉村将乡村以时尚魅力的方式重回人们的视野，真实呈现以自然土地为生的每一处。

109

"一新"按乡村振兴标准结合居民现代生活需求建设新村，安置村民。对竹泉新村进行绿化、美化、硬化和亮化，把竹泉新村打造成了规划整齐、环境整洁、配套完善的生态宜居的新村落。

白天以文化体验、互动娱乐、拓展运动的大众娱乐与多维感知为主；夜间则以光影氛围、光影演艺、互动空间、主题活动的多元展现的"白+黑"模式运营。

缤纷多彩的文旅产品供给让村民参与景区各项工作和旅游服务工作，帮助村民开办农家乐、商店、民宿等旅游服务业态，聘请年老体弱但又有一定技能的村民在景区生产传统的手工制品，如编织竹器用品、纺线、烙煎饼、酿酒等，每人每天都有一定的收入。对景区租用土地上收获的核桃、油桃、山果以及蔬菜，仍由原来拥有土地使用权的村民采摘出售，收入归己。

古村落的复兴吸引了越来越多人口和资源的回归。年轻人选择在竹林阡陌间成为"新农人"，用自己的知识和阅历，反哺曾经眷恋和热爱的乡村。

竹泉村"90后"返乡创业女孩高梦悦两年前从上海辞职，回到竹泉村参加乡村旅游建设，成立老年协会，研习沂蒙乡村文化，做家乡文化的传播者。同时她在村里美食街上

拥有自己一家饭庄，主打"竹林泉水宴"。

"竹林泉水宴"采用竹泉村天然山泉水，所有食材均就地取材，泉水大米留香四溢，泉水豆腐紧致嫩滑，泉水鱼汤肉质鲜美，泉水小菜清脆爽口。因此，高梦悦自己承包了一个生态农场，组织村民用竹泉村传统方式散养鸡鸭，每天都去周边村庄采购新鲜、自种的瓜果蔬菜，"竹林泉水宴"凭借健康自然好味成为沂南名菜。

竹泉村开发充分体现当地特色，推动农村种植结构调整，进而推动地方产业结构调整，以充分的事实和充足的理由诠释"绿水青山就是金山银山"的理念。

竹泉村文旅热度的上升，也带动周边乡村的整体提升。以点带面，山东沂蒙红色影视拍摄基地、红石寨旅游区、马泉创意农业休闲园、朱家林田园综合体等一大批文旅项目开花结果，周边村民依托竹泉村发展农家乐、旅游民宿等产业，实现了乡村旅游与乡村振兴的协同发展，集群效应明显显现。

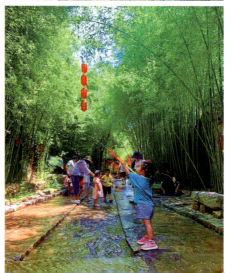

应用：

自然资本的有效利用
保护古村落开发

努力播种，静待丰收，乡村有让人安静的魔力。竹泉村的成功运营也让刘磊团队摸索出一套开发古村落的"低成本战略"。

"古村落、传统景区是保护还是开发？"一直是业界重要议题，迟迟不能拿出一个最佳"审判结果"，但综合各方出发点根本都是为了实现古村落的可持续发展。

过去通过开发获利，而现在"可持续发展"作为一种已采纳模式的同时也可以盈利。国际著名学者阿什沃思在《保护——作为留存或是作为遗产：两种范式和两种答案》中提到："乡村的可持续发展在于自然资本的储备与功能表现，特别是与维持生命有关的服务。"

自然资本主义是通过商品生产与消费模式的逐渐转变和效率提高而从自然与建筑形态中获取资本。整个自然资本主义在需要对农业实施根本性转变的同时，也会放弃对城市与农村、人口与位置之间进行荒谬的区分，而其成功的关键就在于自然化和乡村的未来。

竹泉村是以生态型旅游景区开发，有山有水有泉有竹，还有一座中型水库，村落存续历史比较悠久，仍保留了古村落形态和部分农耕文明，这些存在巨大价值的自然资本并不是生产过程中一个微不足道的因素，而是包含在整个经济在内的一个巨大整体，能够为经济提供资源供给、支撑经济的发展。

竹泉村原本封闭落后许久，2007年人均收入仅达4000元，是远近知名的贫困村。竹泉村的山水资源优势和具有开发的潜力引起了县、乡领导的重视，科学论证后，通过招商引资、建立合理

的利益分配机制，村民积极参与。以"保护性开发"为原则，保护与开发并重，注重保护古村落，积极发展风景元素，因而有力地带动了村民脱贫致富。

在刘磊看来，"解决古村落、传统景区的可持续发展问题，即实现从全球化向本地化的转变"。通过类似竹泉村这种开发模式带动产业的转变，乡村能够创造出的重要经济形式将消耗更少的物质资料与文化能源。这样的经济形式不仅可以保护资源，提高在社会问题方面的能源消耗、延续并恢复原本的自然乡土环境。

同时刘磊认为，尊重自然过程意味着生存。"夜竹泉"的升级吸引更多新业态企业入驻，结合文旅配合灯光氛围打造出包含餐饮、演艺、趣乐活动的丰富多元业态，留下消费者，实现乡村自然资本的多空间、多时间开发，将乡村夜生活转化为夜经济，形成景村一体、日夜衔接的古村开发方式。

"我们也曾经是农民。我们是乡村振兴的支付者、组局者，甚至是小规则的制定者，为他们的利益思考，我们才能互相取利，长治久安，情怀虽不能当饭吃，但乡村文旅必须做出自己特色，建立起属于自己文化IP。只有将特色属性加持乡村文旅，避免同质化，才能真正做出有利于乡村振兴，最终实现小康社会的宏伟蓝图。"刘磊最后在竹泉村报告总结中留下这样一段《我们的他们要什么》的开篇词。

113

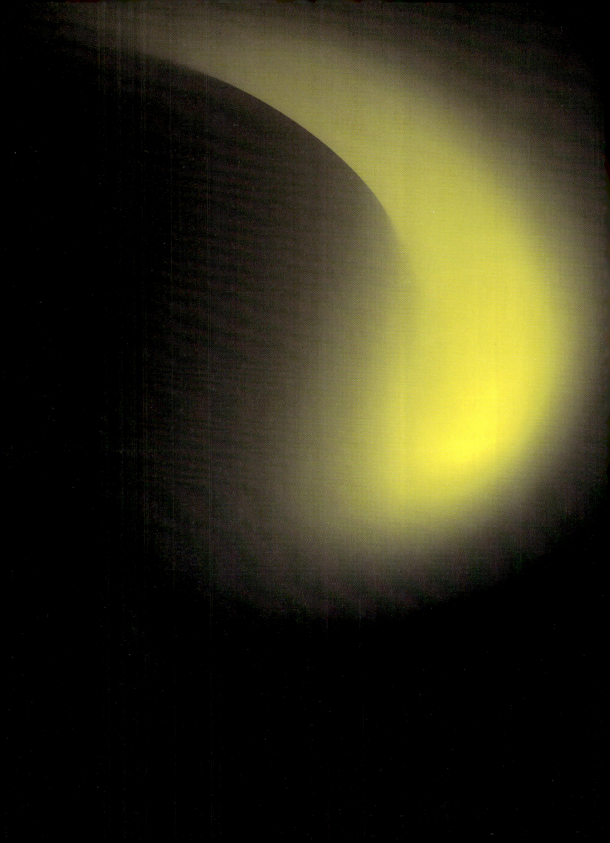

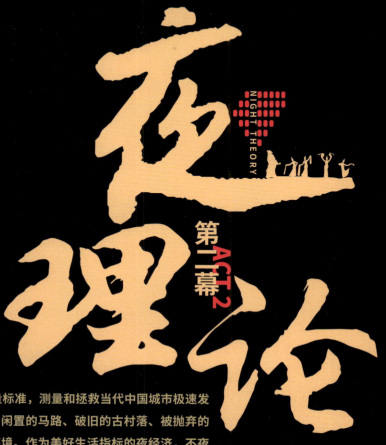

夜理论

第一幕 ACT 2

NIGHT THEORY

　　刘磊以人作为衡量标准，测量和拯救当代中国城市极速发展过程中的残留物——闲置的马路、破旧的古村落、被抛弃的传统景区以及周遭的环境。作为美好生活指标的夜经济，不夜城的出现快速提升城市空间吸引力，形成带动城市经济引爆式增长和城市品牌溢价的"城市聚场经济学"。

　　夜生活的舞台已经搭建好，刘磊最先奔向这片"沸腾的剧场"，在城市街头、乡间小道，那些琳琅满目、纷繁芜杂的表演展陈，精工细作、原汁原味的美食特产……无不呈现出一种惊喜热闹、聚集万象的日常奇观，各种有生命和无生命的实体持续地相互适应，发出带有时代症候的声音，这是一群充满希望与欢乐的午夜尖叫，提醒我们当代个人愿望与集体梦想之间的日常并存。

THE NEW MODEL OF NIGHT ECONOMY

夜经济新模式：

城市聚场经济学

城市聚场经济学是著名文旅策划专家、锦上添花文旅集团董事长刘磊先生在多年的文旅实践中形成的理论构架，在联合国世界旅游组织专家贾云峰教授团队的梳理和研究下形成的城市突破新理论模型。

聚集效应是影响城市化进程的主要经济规律之一，城市聚场经济学从经济学角度来探讨城市聚集机制中的双重乘数效应，通过城市空间结构的改建，实现消费者互动、企业互动、消费者和企业的互动与城市中心的形成，尤其是拉动消费、促进就业，带动城市经济的引爆式增长和新品牌溢价。

一、理论解读

城市聚场经济学理论第一个支撑是城市集聚理论。

城市存在的原因之一是人口和企业的空间集聚有利于交流和社会互动，这是一种向心力，购物模型是指当消费者偏好产品的多样性时，企业就会倾向于集聚靠近消费者以提供差异产品，这样会形成城市中心；城市中心可能是消费者的集聚、企业的集聚或是两者的混合。

城市聚场经济学理论第二个支撑是场景营销理论。

场景营销意在把营销方式与吸引人们的场景紧密结合起来，是基于人们上网行为始终处在输入场景、搜索场景和浏览场景这三大场景之一的一种新营销理念。随着品牌营销的重点慢慢过渡到"以客户为中心"，未来的场景营销不只是一种营销方式，而应该成为产品链接用户的一种常规手段。"场"和"景"，分别指时间空间、情景和交互。美国作者艾伦·库伯在《交互设计精髓4》中描述为"用户如何使用产品实现具体目标的故事"。从类型上看大致分为四种类型，分别为内容场景、消费场景、使用场景、即时场景。场景的核心是用户情绪的触发。

利用以上两个理论支撑，利用街区和夜生活的场景设计，产生物理和化学空间的交互消费体验，从消费者接触产品到最终购买，形成城市集聚的新时空关系，打造新地标与核心竞争力。

二、实施逻辑

城市聚场经济学的第一个效应是"导流"，第二个效应是"留客"。主要手法是利用"新、奇、乐"的街区场景设计，实现"短、平、快"的市场经济效益。

首先通过"欢乐唤醒"感染用户，引起他们的情感共振；

通过"文化活化"呈现本地生活的记忆片段，形成文化的归属感和自豪感。

城市品牌都是带着温度和故事的产品与场景的组合，不同场景带来不同的附加意义，用故事来诠释理念，进而把品牌融入场景，进行品牌故事化，故事场景化。最大限度地引爆人们的兴趣，触发沉浸式的参与和互动感，使消费者愉快的理解和认可产品。利用无界的场景搭配理念，用场景聚焦带动人群聚集。

三、未来展望

在应对新冠肺炎疫情的过程中，中央、地方政府都认识到了城市韧性对一个国家、一个城市应对重大公共安全事件的重要性。

国家以及各大城市的"十四五"规划纲要都提到了"城市韧性"。而经济韧性，在2008年全球金融危机之后逐步进入研究领域。目前对经济韧性定义使用较多的是由Martin和Sunley在2015年从四个维度对经济韧性下的定义：

一是抵御力，即城市经济遭遇外部冲击时的脆弱性或敏感性；

二是恢复力，即城市经济遭受冲击后恢复的速度和程度；

三是再组织力，即城市经济遭遇外部冲击后重新整合内部资源和调整结构的能力；

四是更新力，即城市经济改变原有结构，开启新的发展模式和路径的能力。

城市聚场经济学的出现，就是提高城市韧性的有力抓手。聚合场景，让剧场式的城市表演、导演主要的文旅设计、本地居民和外来者的情感归宿与创业就业合为一体，产生巨大的磁场吸引力，带来城市深刻变革。

第一场

HIGH DIMENSIONAL SPACE OCCUPYING

高维占位

　　我们都是星空的孩子，商业的高度分工使人们对工作以外的夜晚闲暇时间更具向往性，夜间经济成为短途旅行中的一种"逃离"，八小时之外的夜间生活是现代人类的热切诉求。

　　对于夜生活设计师而言，夜生活在某种程度上是集体记忆的一环，他们贩卖的不是景区门票，而是一种人类生活方式。

情感占位游客心智

策划是人类有史以来一直存在的一项古老活动，并随着时代的进步，赋予新的意义和内容。克劳塞维茨在《战争论》中说："最大限度地集中优势兵力，力求通过巧妙地使用军队，在决定性的地点和时机最大限度地集中优势兵力，以造成相对优势。"

《2019年夜间旅游市场数据报告》也指出旅游企业的夜游产品供给在品质上仍有较大的策划空间。顾客的感知价值可以划分为三个层次：功能性价值、情感性价值和社会性价值。功能性价值是顾客感知的最底层，是指品牌在有形的层面对顾客需求的满足；情感性价值是指品牌的个性或品牌形象对消费者情感层面的需求的满足；社会性价值是指品牌所具有的精神性的核心价值对顾客自我实现的价值需求层面的满足，是消费者用来彰显个性、体现社会地位或表达价值观等的需要。情感性价值和功能性价值就是代表一个景区的文化内涵。

人类消费活动是生产活动的最初源起和最终目的。近年来夜经济之所以能够持续火爆，无外乎两大原因：首先是人们对美好生活的需求越来越迫切，马斯洛的需求层次理论表明，人们生活水平逐步提高后，对物质生活、精神生活需求的层次就会渐次提高；其次是生活压力的加强导致人们迫切需要释放压力的空间活动，夜间休闲成为打工人的充电站。

夜经济新模式

轻资产 不夜城点亮文商旅地

The Nightlife Block to Enliven City Asset

122

夜经济不是白天经济的延伸，而是具有与日间经济不同的内涵和外在形式，对它的设计也不能只是日间治理模式的简单延伸，而应探索符合其发展规律及需求的治理模式。

夜间生产生活活动的兴起与发展，从表象上来说，是人类社会在时间维度上不断延伸拓展的主要表现；从根本上来说，也是人类社会科技和产业革命的产物，是工业文明加快驶入信息文明、进而带来经济全球化分工体系日趋繁复的产物。

夜生活设计介于空间学与品牌学之间，它对于城市的白天与夜晚、生存

与生活进行大尺度的组织与设计。对于刘磊这样的夜生活设计师而言是个新社会职业，主要关注的是"夜消费需求"这个概念，以及实际操作中如何构建这个概念。在刘磊的"不夜城"中，原本这些以社交为目的的空间用于更好的经济发展，消费价值占主导地位，人们的夜生活由自己做主。

如今刘磊在全国各地已创造了10多个"不夜城"奇迹，在他看来，夜经济策划首要是"占位层次"，占位不是定位，占位是格局更高的夜文旅思维。占位本意是占住一个位置，占住一个品类的关键词。抢占先机，成为品类代言词，也就形成品牌。

品类存在于消费者的心智中。市场上充满了各种品牌的同类产品，市场上有什么不重要，重要的是消费者心智中有什么，市场上还有哪些心智概念没有被品牌占据。

根据广告定位理论，品牌要在消费者心目中确定一个位置，要让品牌进入消费者的心智，形成品牌的差异化，发展旅游夜经济也是如此。

不夜城是夜市形式上的进一步拓展和内涵上的延伸，是一座城市特定区域关于历史、社会、文化的核心载体，兼具遗产保护、旅游开发等价值，将文脉挖掘与嫁接融合、游憩与商贸融合、历史文化内核与空间功能融合，以及采用本地特色风貌与时尚元素取得的文化传承与地方经济发展的双重成功。

不夜城的主战场还是以中青年群体为主，场景需求呈现多元化特征，包括社交、聚会、休闲、饮食、健身等元素备受青年市场欢迎，吸纳并融汇了当代年轻人国潮审美，成为城市最独特呈现的一抹夜色。

比如，锦上添花文旅集团打造的"盛世华疆·八卦城之夜"基于本土文化资源，打造新疆特色步行街区，开街当天，吸引了3.8万人前来打卡，新疆美食、新疆舞蹈让游客流连忘返，各种国潮元素，大大增强了游客的互动体验，对推动当地夜经济发展，丰富新疆人民夜生活有着重要影响。

　　游客通过消费重温和缅怀特殊区域和时期的历史回忆和集体记忆，以此强化民族认同，增强民族的凝聚力和向心力。在不夜城中游客通过沉浸式国潮氛围进行消费实现自我认同，更是获得集体认同和群体归属的一种方式。

　　例如，东北不夜城夜经济定位为"家在东北不夜城"；青岛"明月·山海间"不夜城重新定义《山海经》；"南宁之夜"以少数民族风情定义"民族大团结"。将丰富的夜间活动与灯光彩带相结合，视觉冲击结合沉浸式体验，最终在游客心智中形成一个独特的记忆点。

　　这个记忆点可以是一个玩偶、一口美食，可以是一个活动、一句歌声，直观具体、易于传播。比如青岛"明月·山海间"不夜城以《山海经》为特色主题，根据青岛城市特有的山海形态特征和地理人文文化融入了啤酒名城、渔村民俗、非遗、海上丝绸之路等元素，古代神话与现代城市文化跨界融合，产生巧妙碰撞后的新视觉，以创新趣味的音乐、游戏、表演等方式使传统文化得到理解、参与、体验，进而获得一种新的旅游态度、夜间价值观，吸引青年追捧。

不夜城凭借其独特占位取得消费者心智上夜间旅游的首要选择，它的出现与盛行宣告中国夜文旅的单一形象转向创造本土品牌，弘扬民族文化，增强民族认同感的同时，在时间的延展中促进游客内在精神充实和自我发展的发展型消费方式。

文化占位城市特质

过去三年，各地不夜城如雨后春笋般涌现，不夜城起源于一个"城市更新"的国家重大战略，为重塑城市产业结构、提升消费水平、改善人居环境，各地响应国家政策号召，积极谋划"十四五"方略，加大城市更新力度，并呈现出不同特点。

随着经济、社会、文化和技术的不断变化，当地语境持续不断发

生变化中，城市环境也发生变化。

　　城市和人一样都是有机生命体，有其生长轨迹和运行规律，我们看到的城市永远只是历史中的某个片段，记忆中、照片里、文学作品中、画面里……留住城市某个DNA就是留住城市独特样貌。

　　不夜城旨在遵循区域原有文脉基础上，通过街区规划与活动设计，试图去塑造或改变当前的社会生活。在刘磊的系列作品中，他试图去寻找符合城市性格的"高艺术价值"的空间，一个体现了设计师个人对某个城市全部艺术想象力的浓缩场所。

　　正如业界人所说，不夜城可以被看作"夜空间设计的

127

力作：它们会将城市夜色和复杂的业态糅合在一起呈现出来，人们的确会为它们的魅力所着迷和吸引。"不夜城设计师们恢复地方古文明进行实体重构，然后创造出大胆的、实验性的作品，他们正在尝试打破"常规城市更新学法则的方法"。

在刘磊看来，大多数城市更新创造出充满活力和有吸引力的空间建筑或环境，它们看起来美观，只是为了外地人偶尔参观而并不是为了当地人的日常生活。刘磊首先将人的感受和文化空间相结合，他认为不夜城的出现是："一种对已有城市更新的反应，我们曾试图寻找方法去观察城市的多样性，并保持对其开放和包容的态度。我们对城市中被遗忘角落以及城市的夜色感兴趣，这往往是其他城市设计所忽略的，我们认为不夜城可以构建包容、非教条主义的城市更新的起点。"

不夜城以"城市文化的日常化"成为文旅界网红产品，刘磊在国内开展"点亮中国梦"运动和"缩小城市"这些跨越式理念。这里设计的对象是"夜色"不再是"建筑"，夜色作为城市更新的一个很好的基础和前提，既是表达当代城市文化性格的"镜头"，也是构建城市空间的媒介。

不夜城可以被理解成一个公式，面对不同城市更新产生的截然不同的问题和答案。在"点亮中国梦"舞台上，那些美丽的灯光、热闹的夜氛围、热乎的小食都将能引起游客的兴

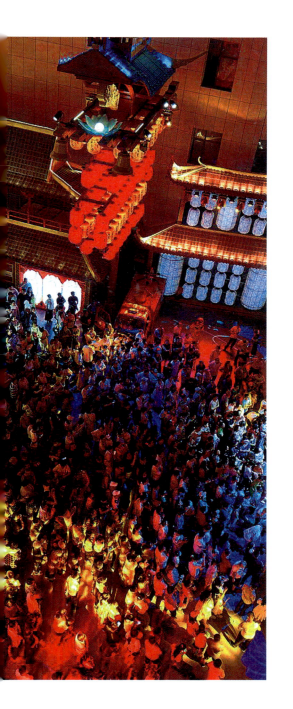

奋和尖叫，通过这些夜色设计，城市得到更多可持续发展的可能性。

服务占位政治机制

从工业到服务业这种经济结构的改变，标志着城市的作用正处于重新定义的过程之中。作为标志物和节点的不夜城成为认识城市的一种方法。同时城市的公共空间总有着政治意义，它被赋予了特殊权利。

不夜城主要用于展示一座城市经济活力的城市展览馆，它被设计成外来客商和管理者参观学习的场所。那些五湖四海、不远千里前来打卡的游客成为夜经济相关学者和机构的研究对象。

美学的回归也被看作资本向城市回归的一个标志。

曾经高度工业化发展导致城市日益加剧的社会极化和分离，如今又被非工业化和向服务型经济的过渡而改变着，一如既往，这种改变造成极大的焦虑与恐慌。

不夜城的建设被当成对抗这种裂变和治愈恐慌的手段之一，多形式的聚集被看作"与陌生人分享的空间"或"与非个人性的相遇的空间"。不同活动创造混合使用的区域，创造不同的人群相遇场景，并且提倡一定程度的和平共

处。这在一些遭受结构重组创伤的城市，以及社会分裂越来越强的阶段显得尤为关键。

将不夜城作为私密空间之间的媒介，弥补了城市之间的膨胀，并且抵制了社会性空间裂变的扩张。夜经济发展应当充分考虑到市场多元化需求，精准布局城市名片、地标景观、特色街区等与夜经济密切结合，注重消费场景的营造。这是锦上添花文旅集团深耕行业多年的经验，将基础设施与文旅IP升级、消费扩容等结合起来。

木兰不夜城位于武汉都市圈，毗邻木兰草原等诸多热门景点，旅游资源十分丰富，在优化升级本土基础设施，活化本土木兰文化的基础上，打造出了魏晋文化步行街区，为广大市民及游客提供了良好的生活环境与高质量的夜游环境，对提升木兰文化影响力与推动武汉夜经济发展都有重大意义。

注重改善夜间经济基础设施和公共服务水平，降低治安、污染、环保等不利影响，在满足夜间经济发展需求和不影响城市其他部分之间寻找平衡点。夜间交通服务、污水收集排放、食品安全卫生、景区绿化、餐饮油烟处理、垃圾分类、灯光配备……发展旅游夜经济需要一系列的公共服务资源的配备，这意味着大量的资金投入和人力物力资源的协商调整，城市希望通过提升自己成为旅游者的最终目的地。

城市更新提倡空间性的开放，这种开放积极定义并容纳不同人群活动。不夜城这些具备包容性"聚场"的出现是一种积极的进步，以减少源于对城市空间的不同期望所产生的潜在差异，从而促进一个和谐美好的城市社会。

第二场

CREATIVE DESIGN
导演主义设计

不夜城，是一个超越时间范畴的微型目的地，作为中国文旅界里一个真正意义上的"夜游载体"，"轻资产不夜城"的萌生与扩张堪称中国夜经济发展史上的经典案例。

2020年，锦上添花文旅集团董事长刘磊公布了"不夜城点亮文商旅地模式"超级IP，演艺舞台搭配编程灯光，通过声光电等科技手段，与区域文化演艺升级相结合，通过"行进式演艺+行为艺术演艺+实景演艺"的创新演绎模式，将不夜城项目打造为一座特色文化演艺集结地。

现在已升维到3.0时代的"轻资产不夜城"，以"多快好省"的产品优势，将经济和口碑的可持续化发展作为设计关键词，从而旨在为所有城市建设一个充满诱惑性并长久发展的夜间娱乐空间。

差异化思维设计夜游风格

锦上添花文旅集团是一个由娱乐演艺行业组成的"夜游设计师"团队，他们将创意与专业知识相结合，探索从古典舞美演出到现代行为艺术，观光和体验设计的创新形式，富有创造力和协作性，在突破游客期望和想象的界限上蓬勃发展。

前期设计包括概念设计、方案设计再到落地设计、软配设计，在每个过程中融合团队的创造力和专业知识，从"找唯一、做第一"以此激发游客五感，打造令人难忘的体验。

早在1988年，《第三次浪潮》一书中曾预言："人们会到商场里度假，到街上度假。"当下随着社交平台的丰富和新生代消费群体成为消费主力，人们不再满足于单一的购物体验，相较自由的空间形态能满足娱乐、文化、社交等多样性需求，开放式街区骤然兴起。

开放式街区这一概念发端于欧美，其实是一种可以拆卸组装式的模块化街区，主要模块都是商街档口式的，大型的也可用集装箱来做组合，在街景打造上类似于"快闪公园"的模块化可拆装景观小品。

不夜城以开放式街区为表达形式，充分满足当代消费主体、消费趋势、当地可利用空间、因地制宜、重塑极限视觉享受，不夜城设计师们置身于消费情景当中，充分还原人们期待的夜色模样。

通过实现文化、商业、旅游价值的共荣共生，推动街区的转型

133

升级。运用地域生长设计理论，打造恰如其分的活动演艺，导入创新性的商业产品和业态组合，引入客流，形成完整的沉浸式商街和活动营销体系，抓住消费者内在心理，突破同质化竞争，创造差异化经营内容。

经济学家秦朔说过，"未来的产业方向，不能再是过去的平行移动，或者外延扩张，而必须有一种内涵式的跃升，这就是产业创新的含义"。

纵观锦上添花文旅集团的发展历史，其实从刚开始入圈时候的夜经济"1.0时代""2.0时代"的不夜城街区与同类美食夜市一样并无特色，并在众多商业综合体中沉寂了许久。随着竞争的不断激烈，不夜城依靠原有IP挖掘和打造，经过不断摸索和创新，打造了以本地文化为背景，集合了夜景观光、行为演艺、特色餐饮、娱乐零售、户外营宿五大产业集群，从众多商业街区中脱颖而出。

不夜城模式自推出就一直处于提升改造过程中。空间上，从街区的体量和产品应用元素上进行场景营造升级；应用技术上辅助声光电等算法编程，增加更加丰富多彩的夜游景观。

不同地方的不夜城应用当地文化支持的独有的沉浸式街区场景，并与多种业态进行融合创新。东北不夜城设立"梅河风驰""长白女将"等33个多种样式表演；青岛"明月·山海间"设立"火凤凰""仙女下凡""青岛之歌"等各种专业乐队和街头艺人表演，汇聚花车巡游、街头小丑、活动争霸等主题形态，使得游客更容易接受夜间狂欢。

通过引用具有当地文化和生活属性的人物形象形成体验产品，游客更容易与其亲切互动，从而衍生出传播热情，形成良好的自然口碑效应，打造出独特的"IP形象"，为不夜城吸引了更多人流量。

同时世界各地形态商业在此融合，以西安肉夹馍、岐山臊子面等特色小吃组成的西安特色餐饮阵营，以热带雨林景观、鲜花饼、少数风情首饰、丽江民谣酒吧等构成的丽江酒吧一条街，地摊经济和夜市

经济在这里繁荣共生，不夜城助力街区为业态产品获得高频曝光。

　　"轻资产不夜城"以"夜游经济"为突破口，汇集多方面业态融合成新商业格局，并与周边村庄、景区互为补充，形成城市文旅完整生态链的重要载体，实现从传统商圈到城市夜文旅中心的转变。

专精深思维设计商业模式

　　美国艺术家安迪·沃霍尔曾说过，"艺术商业是商业的下一个阶段"。不夜城以"艺术+商业+体验"的组合模式成为新趋势，通过创意设计克服消费者对商业综合体的审美疲劳，通过打造"小资文艺"情调氛围，为消费增添一分格调与趣味，进而吸引更多流量。

不夜城不仅是消费，还有生活。

在刘磊看来，"夜经济"设计首先要抓住"独特性、不可模仿、不可替代"三个特质创造商业价值，这也是不夜城在夜经济市场上的主要竞争优势。

如今创意设计无所不在，创意就是打破常规、破旧立新。不夜城的设计智慧，也就是把需求和供给合二为一，形成独一无二的夜产品运营规律。

如同刘磊常说的"打井商业思维"："高手过招，常常会出现一招制敌的情况。高维聚焦也是如此，抓牛鼻子，抓核心点。夜文旅最重要的是聚焦，就像打井一样，打到1米宽、10米深，也许能打出水；当打到1米宽、100米深，也许能打到矿泉水；当打到1米宽、1000米深，有可能打到石油。专精深，全世界所有的行业核心奥秘均在于此。"

不夜城不仅是一个商业项目，因为其大多是无门票运营，可以吸引当地居民到这里来散步休闲，最后这就变成了一个夜间聚集目的地，不仅可以到这里观光，也是聚会团圆的场所。

东北不夜城另外开辟了一条"元宇宙集市"空间，一走进去看见巨大的变形金刚、擎天柱等科技影视IF，内部科技感十足，精致华美，让人们像是穿越到另一个宇宙世界。依托声光电、虚拟现实、三维动画、环境特效等多种技术手段，实现旅游场景从"白"到"黑"的创新转化，营造以游客"即时互动""沉浸体验"为特色的服务场

景，打造出"高科技文旅项目整体解决方案"。

不夜城的核心不是消费，而是情感体验。

目前体验式商业成为市场主流，强调从生活情境出发，塑造人们的感官体验和心理认同。传统的商场，核心是商品，比拼的是谁价廉物美；但如今文旅消费核心是场景，比拼的是情感体验。

一个"专精深"的文旅项目，需要在特定的场景之中为观众提供白日梦境的感受，营造独立于现实世界的平行时空，在场景设计、道具细节、互动感、故事线等方面都要求做到极致。

137

细节化思维设计服务氛围

美国建筑师伊利尔·沙里宁曾经说过："让我看看你的城市，我就能说出这个城市居民在文化上追求的是什么。"

对于一座城市而言，通过城市细节往往让人领略到其个性特色。从某种意义上讲，对于夜产品项目设计上，认真推敲产业空间中细节，"大"处着眼、"小"处点睛、"细"处传情，运用各种手法对空间中的细节问题进行推敲，以使我们所处的夜游空间能够更富人性和独具魅力。

刘磊曾在自己主编的《特色文化街区点亮中国文旅商》一书中分别从文化、建筑、景观、音乐等元素结合不同的模式，提出创意"商夜街"的文化氛围营造方法。

建筑与文化氛围的统一

建筑大师彼得·卒姆托说："每一个完美的、完善的作品都有一种魅力，就仿佛我们臣服于高度完善的建筑实体的魅力似的。我们的注意力或许总是被某个细节俘获，例如，地板上的两颗钉子，它们将钢板固定在门口破台阶处，情感涌出。有些东西令我们感动。"

刘磊的每一件不夜城作品的设计通过采取当地文化元素或当地传统建筑风貌或就地取材使用当地建设材料，与城市文化气质完美融合。

景观元素与文化的统一

景观一直都在作为红细胞为城市运输着一轮又一轮的鲜氧，为城市注入新活力，其重要性不言而喻。

同样地，景观在城市夜产业设计中的地位也不同凡响。景观

元素营造文化氛围，直观展现所要表现的文化，然后再带着这种文化氛围去感受整条商街夜色。在不夜城免费娱乐体验服务为每一个游客先营造一种快乐自在的感觉，完全放松式的消费氛围。

商业主题定位文化氛围

2023年端午节晚，锦上添花策划联袂青岛、南宁、东北、乌鲁木齐等全国十大不夜城合力推出"云游夜端午，醉享不夜城"活动，狂揽游客近500万人次。

当天十大不夜城全部冲上当地热搜，成为当地交通最拥堵街区，也成为当地舆论话题和新闻事件。搜狐、新浪、知乎、今日头条、旅游文化、东方财富等数十家网络媒体以及海量自媒体对十大不夜城进行了报道，累计影响超亿人次。由此可见，夜产品设计在特定的商业主题下会迅速聚集人气助力街区文化氛围的营造。

背景音乐烘托文化气氛

几乎每条商业街都会有特定的"街曲"，每个店铺也会选择优雅的音乐作为引导，如武汉木兰不夜城以"木兰辞"纯音乐为背景，创造出一种气势恢宏的氛围，让游客如临万千兵马对抗现场。

此外，每逢节庆假日，街区上播放着欢快的节日歌曲，传递出浓浓的节日祝愿，营造出喜乐祥和的节日氛围。

当地文化赋予旅游内涵

景点和创意商街在"拉动内需"的同时，也渐渐在实行"对外开放"，当地的商业街渐渐成为世界的商业街。"南宁之夜"不夜城，在具有鲜明民族特色和浓厚历史氛围的街区中，充分展示着我国边境少数民族的商业生活，日均接待游客达7万余人，得到国内外广大游客大力传播。

错位店铺经营模式

在每个不夜城街区，各餐饮娱乐同在一条街上，但每个店面卖的产品种类完全不同。比如一个店经营当地土特产，另一个就经营游戏娱乐产品，以此类推，这就是不夜城的错位经营模式。

一家店铺不要什么都卖，也不用全部都是饮食，可以在小范围内搭配同性质的商铺，但其销售的产品最好不同。好的商业街，商业形式必须多元化，店铺与店铺之间要有相对的错位。一条商业街在店铺上搭配得井然有序、有密有疏、空间布置得当，自然而然就会形成一条特色的城市夜生活链。

第三场

HOT PRODUCT CONSTRUCTION

爆品建设

目前，中国文旅行业有一个不争的事实：夜经济的盲目飙车模式已经成为过去式，经济转型叠加疫情的插足，人们对夜游的需求也更加多维复合，夜经济的发展观念也逐步从重规模转变为重产品，以"夜经济+"的产业集群高质量兴起，以不夜城为单位的品牌效应开始显现。

好的夜游产品没有统一标准，它必须由市场说了算。很多夜项目曾靠辉煌灯光、敲锣震鼓去吸引游客，但真的形成现象级的爆款却很少。锦上添花文旅集团充分重视游客的生活痛点，重新铺开去审视，综合产品与需求的融合，正在成为夜文旅赛道上的"特长生"。

重新定义夜游产品力

自夜生活概念兴起，中国夜产业集群不断更新迭代。第一阶段夜产品主要以"延长白天经济为主，提供餐饮购物等延伸服务"，第二阶段随着酒吧、KTV、影院等夜服务的丰富，逐渐形成"以夜晚为主，白天为辅"的现代服务行业。

根据《2023年中国夜间经济行业发展研究报告》数据显示，2023年期间中国居民夜间时段参与的主要业态为线上线下购物、餐饮消夜、休闲娱乐和出游出行，参与指数分别为4.13、3.93、3.90、3.69。

在刘磊看来，夜游产品更加多元化的背后，是人们对越发千篇一律的城市环境的厌倦，是为了寻找到与生活的真实链接。

因为黑色的未知，人们越来越迷恋

夜晚。它让我们有了自己的空间，遇见真实的、自由自在的自己。在黑夜，有人喜欢穿上夸张的衣服来掩饰自己的喜怒哀乐，也有人从一个极夜跑到另一个极夜，只为在浓厚的夜色中寻找到一个释放自己情绪的宣泄洞口。

孤独在夜色中蔓延，希望也在这里增长。

刘磊曾说："我总是迷恋与夜晚有关的事物，夜晚充满了奇迹，我也一直相信从小到大没实现的梦也许在某个晚上就能实现。"他最喜欢坐在不同不夜城项目现场的监控台前，看着屏幕中的人们疲惫了一天的脸上因为某个好看的节目、某个好吃的美食而露出幸福的笑容。这些欢乐的力量也总是让刘磊觉得帮助他战胜了所有一切，这里的自己和街区上的人们一样又重新获得了生活的力量，可以重新

开始，为了明天再次奋斗。

正是这种信念让刘磊更加相信"一个好的文旅产品应当是功能产品、价值产品、体验产品的综合体。建设出好的产品力应是从人而来，向人而去"。于是刘磊试图通过不夜城重构人与自然、文化、社会的情感链接。

刘磊十分注重调和产品与自然环境之间的关系，比如新疆特克斯县的"八卦城之夜"就是个典型。不夜城将城市夜色建设成一个舞台，展陈与游客都是演员，演员与舞台融为一体，尽显和谐。

走进"盛世华疆·八卦城之夜"，大到商铺，小到灯柱，中国传统文化元素随处可见。一条长街和三大活动广场串联，组成了整个街区。"一"字形的动线布局，街区两侧的岗亭和花车将各分区互相联动，实现了一步一景，一步一娱，间接拓展了街区的深度，延长了游客的逗留时间。培育了"美食餐饮、文化体验、精品文创、文化休闲、文化演艺、美陈潮玩、场景体验、科技光影、互动体验"九大业态路线，全面形成"盛世华疆·八卦城之夜"文旅街区闭合式消费体

验圈。开放式街区让游客能充分与夜色对话，享受自由景观带来的愉悦享受。

　　同时在建设过程中刘磊重视将当地文化与产品形象相融合，嵌入大量历史人文元素，希望以此重建人们对在地文化、不夜城的情感。例如竹泉村主导原村设施的修缮与还原工作，使用当地竹子石头等原材料，将其还原成极具游览价值的文化古村落。

　　不夜城产品延续传统建设风格的同时也在与时俱进，匹配当前消费者的审美，尤其是青年人的喜好，选择更前卫的建设语言，比如在一些装置艺术配色上配合大面积的"多巴胺风"，整条街区看上去活力前卫，摆脱传统夜市单一板正的观感。

　　每座不夜城都是当地独特的历史文化标签。当夜色降临，城市文化和人群被映射在胶片空间，就如同被定格的电影片段，一晚一晚轮播上演着关于夜的惊喜。

多元功能模块营造魔幻异次元

不夜城抛去了往常夜市的混乱单一，而是用一种魔幻的色调和氛围带领游客一同进入这个异次元世界。在这一游戏中无论是建筑，人物，还是风景、展陈，都带着神秘的抽象感和荒谬感，仿佛孤独的主角探寻穿梭的，其实是一件件的艺术品。

刘磊曾说他们投入无数精力打造的不夜城作品更像是向创意致敬，他打开了一个个想象空间，给文旅界带来一个自成一派的"轻资产不夜城"独立世界，视觉的错乱和自由欢乐的真实在这里表现得淋漓尽致。

疫情期间，人们对于"诗与远方"与日常生活不一样的场景体验极具向往，刘磊带领团队通过富有创意和巧思的不夜城建设，汇聚各地民俗、美食、网红演出，将人们"走出去"的渴望在一条街区中解决了，让人们重燃对"家门口"的热爱。

不夜城大门是营造当地居民异域体验的第一站。

新疆"天山明月夜"不夜城开街当日在街区门口举行大型节日典礼，借助西汉时远嫁乌孙的细君公主给草原带来的先进的耕作技术和文化新风的历史依据，演员模仿美丽的草原之夜，跳起了欢快的舞蹈迎接远方客人的到来，并向人们撒"恰秀"，这是哈萨克族在遇到喜事、草原上来了尊贵的客人时，都要撒奶疙瘩、方块糖、水果糖、包尔沙克等一种礼仪，让人们抢着吃，分享欢乐，表示尊重和欢迎。

入口一般都是建设标志性符号，如"八卦城之夜"是新疆特克斯县城市标志八卦图、"南宁之夜"是壮族"刘三姐与阿牛哥"，这种带有独特地域标志元素一直延续到每个角落。

锦上添花文旅集团不仅打造出城市公共夜市，还在此基础上叠加了策展式的艺术风格，将街区做成了艺术展馆，每一个店铺、每一个行为艺术就是一个展品，游客在行走中，也就是在逛展，激发游客们满满探索欲。

在不夜城产品体系中，锦上添花文旅集团将行走动线分为三大场

145

景：观看节目线路、娱乐消费线路以及餐饮消费线路。

其中餐饮消费线路主要保证消费者点餐、就餐和取餐路线的方便、快捷和顺畅。餐饮消费线路有一些通用的原则，如摊与摊间隔需要达到1.6米以上标准，消费者才会觉得就餐环境的舒适。动线设计采用直线尾号，避免迂回绕道，给人产生一种人流混乱的感觉。

另外街区现场还专门设计了后勤动线，包括垃圾收集清洁、演员表演流线、急救流线等。这样的设计手法赋予了不夜城丰富的场景层次，使整个街区呈现出井然有序的秩序感。游客漫步其中移步异景，丝毫不会乏味。

除了现场硬件外，服务也是提升夜游体验的关键一环。锦上添花文旅集团匹配酒店式的高效服务，这也在不夜城项目上得到了充分体现。每个不夜城都设立了管家服务和急救中心，为游客提供不间断的景区关怀，游客可以通过智能化设备来呼叫街区急救服务。

建设包容性场景满足社交需求

陀思妥耶夫斯基说："爱具体的人，不要爱抽象的人；爱生活，不要爱生活的意义。"

不夜城构建"引力社交场"，就是为了实现陀思妥耶夫斯基这句话而做的努力。刘磊希望通过这种富有细节关怀的地标建设，让夜晚生活回归真实和具体。

针对不夜城社交场的打造，锦上添花文旅集团已经做到了三大覆盖："年龄覆盖""身份覆盖""场景覆盖"。从儿童到成人，从平民到知识分子，都能在不夜城找到自己的社交休闲场景。

为了重建人与人之间情感联络，不夜城建设一直遵循着"走出去、熟起来"的原则，来打造街区，比如设计很多互动体验环节，其中"篝火盛宴"很受游客喜爱，互不相识的人们在这里忘记"成人世界的规则"，像小孩子一样很快熟络起来，手牵手，围着篝火欢呼舞动，放肆大笑。

针对儿童，不夜城建设时注重分年龄段打造孩子们的游玩乐园，街头分布零售不同怀旧小游戏，让"大朋友""小朋友"都可以找到自己的游乐天地。

除此之外，不夜城还通过举办国潮高跟鞋女神节、魔幻泡泡电音节、嗨翻盛夏狂欢节等活动，让大家互相认识，打破游客的社交圈层，打造一个真正高质量的社交引力场。

刘磊希望不夜城传递出去的生活方式，是能够兼顾陌生人之间互动与自由、爱与感动的。不夜城打破传统街区的认知，最大限度将公共空间的潜在功能激发出来。将"城市会客厅"的概念从艺术馆、私厨延伸到城市街道，打造了"开放式国民厨房""夜游+场景剧院"等模块，让公共空间完全聚合成一个完整的互动场。

比如东北不夜城仅533米街道，设计了文旅娱商一体的城市聚场，开放式舞台表演提升了街区整体通透感，模糊人与城、人与夜之间的界限，加强空间链接感。

或许这些美好转瞬即逝，或许我们迷恋上夜晚就因为其中某一瞬间，它却让我们获得前进的勇气，选择再次相信未来。

第四场

OPERATE FIRST
前置运营

　　锦上添花文旅集团从"实现中国梦舞台"的美好构想出发，用自己方式探索出"中国人的夜生活"的理想答案，让夜晚逐渐形成集合更多"显/隐性"功能的立体生活场景。

　　从设计到运营、从产品到服务、从线下到线上，锦上添花文旅集团触摸到时代的脉动规律、生活习惯的变化，以"更高配置"的超级IP，接入不夜城的前置体验内容。

　　不夜城的前置运营模式，是一场将需求匹配到夜生活的"可体验化"的兑现：游客、创业者、学者、投资者等不同角色的碎片化需求，在泛星空下，产生"最激烈"的化学反应，精彩的夜生活场景，折叠了时空，为中国人的夜生活创造无限可能。

与客户对赌，开创文旅行业先锋

"运营前置"这一文旅热词兴于2018年，是以项目运营结果为导向的规划，是对实现目标所需的战略、策略和详细计划加以定义并进行控制和反馈的过程。而运营前置能实现什么，刘磊曾在一书中提出"运营四句箴言"，即"运营决定内容，内容融入业态，业态创造场景，场景引导消费"。

资源不是产品，产品需要立足市场、融入创意、量身定制；大投资未必有大收益，内容和特色才是第一位的，商业项目必须从市场运营角度倒推产品，资源是次要的，精准定位市场和产品才是最重要的，那些建立在市场消费基础上的特质化产品才是吸引消费者的核心要素。

如今运营前置在文旅业界已成共识，但如何做成为人们疑惑的溯源。锦上添花文旅集团通过自身打造项目——东北不夜城来阐述运营前置的重要性和实操中的具体实施办法。

曾经只用17天打造完成的东北不夜城刷新了东北地区夜游项目日均客流2万人次的高纪录，完成了几乎不可能的任务，东北不夜城帮助梅河口华丽跻身网红城市，锦上添花文旅集团在运营前置上下足了功夫。

东北不夜城因为已有前期策划规划的支撑，可以对具体的业态配比、各业态产品的数量、空间面积要求等进行提资。例如，策划阶段，决定要放置一个剧场类项目，概念方案设计之初，就可以提出项目的室内外排队等候区、预演区、主演区的容载量要求、面积要求、建筑的层高要求等。在概念方案设计阶段，结合规划，一次布局到位，避免方案阶段的反复修改。

锦上添花文旅集团针对这个问题，进行详细分析和规划。该阶段涉及建筑的平立剖，提资应细化到各个空间的具体要求，舞台的搭建，灯光音响的设备是否到位，各项工程安排工期节点等。

锦上添花文旅集团针对甲方的疑虑，提出了敢为人先的"对赌模式"。什么叫对赌？对赌是把甲乙双方利益捆绑在一起的机制。锦上添花文旅集团对结果负责，先交钱给甲方，这是全中国第一个给甲方主动先交对赌金的文旅企业，这种对赌金的模式，开创了文旅公司对赌模式先河。

文旅行业是个吃喝玩乐的行业，离生活很近，其中的道理似乎谁都不陌生，但恰恰是这种不陌生导致大家对这个行业的一知半解，缺乏专、精、深的深入研究和商业探讨。为此，锦上添花文旅设计团队研究了整个文旅行业的产业链，发现文旅行业的产业链虽然多，但是没有一个人对结果负责。规划不对结果负责，策划不对结果负责，设计不对结果负责，招商不对结果负责，运营不对结果负责，建设不对结果负责，绿化不对结果负责……

但终究要有人为这个项目负责！于是锦上添花文旅集团就提出了一种独有的模式——对赌战略，就是一定要有一方对项目的结果负责，结果导向非常重要。上市和代理公司，会有一个对赌协议，其中约定上市或者没有上市的结果，有了结果导向，才会各司其职、各负其责，共担风险或共享利益，即同损或者共赢。

锦上添花文旅集团为什么要这样做？锦上添花这样做是源于跟甲方共同进退的信心和保证。在文旅街区中引入对赌机制，很多人觉得不可思议。实际上这个机制并不神秘。中国的许多互联网或科技企业，像阿里巴巴、华为，都有类似对赌的企业激励管理机制，以提高大家的积极性。对赌用来确保双方的利益。

多年前，锦上添花团队在做烂尾盘改造的时候，竞争对手很多。甲方当时就提出一条"谁能确保街区的人流量"。大家都说得很好，可是口说无凭，要把它真正落实到责任。锦上添花文旅集团就创造了这样一个对赌机制，经过多年的实践，发现它对双方都非常有利。

与员工对赌，人人头上放指标

在刘磊看来，任何一个商业运营思维体系，实际上它都不是一个单独的方法，它的来源点有很多。锦上添花文旅集团首先必须从认知上有所改变；其次，一定是从下面的方法理论逻辑上去反推。只有达到这些点，才真正可以用对赌的方法实现。

文旅的本质就是要得到足够的游客量，文旅的考核指标就是人气、人流量。锦上添花机构以考核业绩为核心，升级对赌战略，划分四种对赌模式：第一，对赌人流量；第二，对赌人头；第三，如果产品带院落，就对赌院落产品的去化率；第四，对赌每平方米房屋的升值空间。在全国的不同项目里面，锦上添花都有不同方式的对赌合作。

锦上添花文旅集团设计机构一般采用两种对赌模式：一种叫人流对赌，人流对赌的风险很高，一般情况下都是对赌500万人的客流量。前提是这样的街区要经过调研，真心愿意去做。先看它的建筑条件，然后看烂尾盘附近300公里之内是否有1000万人流的支撑，或者说这个城市的各地游客不少于500万，就可以对赌500万人流。对赌有个具体条件，就是流量。对赌流量前提是必须有那么大的人流量，必须有人流量和在地游客和各地游客，这个是基本条件。

151

人流对赌定下来之后，锦上添花文旅集团与甲方签合同，将500万元的对赌金打到企业账户，并且跟甲方签订协议约定：如果365天游客量是499万人，500万元对赌金甲方全部扣除。如果达到500万的人流，那么对赌就成功了。

第二种是人头对赌，锦上添花文旅集团会给甲方交200万元的对赌金，对赌的是人头数。先将200万元交到甲方账户，如果达不到200万人头，少多少人扣多少钱，减一个人就减一块钱。比如说人头数达到了150万，有50万没有达到，那就扣除50万元，最终把150万元打给设计方；如果人头数超过200万，一个人头数加一块钱，达到300万，就再加100万元的奖金。

两种对赌模式都有一个基本的原则：就是在一年当中，不是要到第365天的时候才考核，而是只要人数达到就算完成了对赌协议。实践中，我们的街区基本在五六个月时间，就能完成任务。

从梳理战略，梳理产品到下放指标，众人协力、万箭齐发，使街区达到一个刚需高频的目的，把传统文旅的低频行业拉到相对高频、相对刚需的行业，这也是为什么会用美食小镇或者文化小镇去做文旅街区。刘磊说："文旅行业有个特征，它就像一座桥，一脚踩在文旅行业里面，一脚踩在商业系统，当商业和文旅有机交织在一起的时候，客流量就有效提高，收益也必然大幅度提高。"

对于有的项目，对赌应用机制不光是考察人流量，也可以对赌其他参考值。

比如，锦上添花机构和某房地产开发商签订对赌合同，对赌的是每平方米房屋的售价有效上涨2000元钱。这条街已经做了大概11年时间，但起色不大。周围有大概35万平方米的未售物业，此时的未售物业能够有效提升的房价空间已经不多，周围配套也不太健全，整个楼盘的卖价并不高。

锦上添花项目负责人认为，"文旅和当地人才有效拉入，就能迅速拉动地产增值，一年内是完全可以实现每平方米房屋售价增长

2000元的目标。开发商是地产老板，对人流量并不重视，但他重视的是房子能不能多卖2000元。整体投资有1亿多元，我们对赌的指标就是每平方米房子的售价。"通过重新定义和盘活街区，带动房地产升值。房屋本身是没有多少溢价空间的，商业配套的终极使命就是使地产升值。

对赌在地产上还有一种应用就是去除库存，锦上添花文旅集团曾经在一个省会城市附近接了一个烂尾盘，220栋别墅，全是中式院落，卖了很多年都卖不动，三年多还没开张。项目团队进行了项目分析，发现普遍存在卖方思维模式，就是拿地的时候，想当然认为拿了地，盖了院子，就能卖出去。别墅不是刚需产品，不是每口井都会出油，就算有油，出油量也是乏善可陈。远郊区的痛点在于商业不完善，周边配套应用不足。

以"运营前置"的结果为导向，明白自己的终极核心想要什么，做好游客量，一切纷至沓来。锦上添花文旅集团的考核指标，所有人的指向、所有的动线、建筑、绿化、雕塑等，全部都是围绕游客量。当所有人为这一个目标倾尽全力，就一定让这件事有一个好结果。

对赌模式不仅有效保障甲方利益，同时也有效激发了团队积极性与责任感。

千斤重担人人挑，人人头上放指标。对赌是和甲方来赌，比如，锦上添花设计团队与甲方签订对赌合同，将对赌金500万元先打到对方的账上。对赌协议签订，从开业的第一天起到第365天，其中一年的游客量如果能够达到500万，那么除了押在甲方的500万元对赌金返还，甲方还要按照每个游客1元奖励给设计团队。团队整体划分为策划、设计、招商、运营、营销五个团

队，每个团队可以分到20%的奖金，按照一块钱/人次计算，就是两角/人次，每个人头虽然少，但人流量大了，人头数多了就是一笔很大的奖金。

不仅如此，如果对赌成功，不仅有200万元的奖金，还有200万元的对赌金退还，意味着两角/人次变成四角/人次。

在这样的对赌机制下，从前期策划到设计到招商到运营到营销，每个人都为结果负责且必须对结果负责。因为如果结果达不到，团队成员投资的一块钱/人次就没了，大家凑在一起投资的500万元就没有了。如果对赌成功的话，那么每个人都有翻倍的钱赚。

这就是很多没人接的烂尾盘不仅在锦上添花团队手里起死回生，还能变成当地的标杆街区的奥秘。

与商户对赌，优中选优见效益

人流量是战略的首要，也是解决其他问题的前提。街区首先要人多，才能带动财与物的自运转，商户的东西能卖出去，商户才有积极性，街区人气旺，口碑才能传播。人与人之间的从众心理，会吸引更多的人，客群不仅给街区带来流量，带来商机、带来热度、更重要的是在客群的推动和带动下，街区在不自觉间完成了熟化和升级。

另外，运营前置往往对招商工作起到十分重要的作用，它包括项目的业态规划、品牌组合分布、物业结构及动线设计、商业场景氛围的塑造、新媒体策划推广、商业业态优化整合、消费行为趋势分析等，这些内容是构成一个项目成功的主要基因。

锦上添花设计团队的商业逻辑就是选商，即针对项目匹配商户，如欧风花街的鱼汤面、茶马花街的云南地方小吃，以及各种不夜城、竹泉村、玉泉山庄、东夷小镇等餐饮街美食，都具有地域特色，真正做到了一个街区一个特色，严格筛选出来的商户基本都能良性经营，形成多方共赢的局面。

因为运营才能对结果负责，一切以结果为导向，运营最了解一线市场的需求，也了解商户落位的需求。

在不夜城餐饮美食文化街区的商户招选商过程中，先明确街区的定位和运营模式，才能招到适合街区生存发展的商户。例如锦上添花文旅集团运营团队要求同时具备地产价值实现的开发商思维、商业美学价值实现的设计师思维以及市场攻击力的招商思维。夜街区设计守则应以"消费者需求为经，以商户生存为纬，实现业者、原住民、参与者、游客、政府利益指向的同一"。

所以刘磊要求自己的招商员工需要换位到自己就是一个经营者、一个投资者，懂街区运营，并且站到客户的角度思考问题，这样才能准确把握客户的心理诉求，知道客户的难点和痛点，有的放矢为客户制定解决方案和办法，把客户视为合作伙伴，共同进退，这样才能赢得客户的信任。

景区必须反城市化。城市里有的东西坚决不能去做，城市里面不能做的，反而要去做，这样才能给城市里的消费者一个足够到来的理由。在刘磊看来，"等商家上门的形式已经无法满足现在景区的商业结构，所以选商也要反城市化，实际上就是要做好人的事。我选商就是选人，只要他有足够的德，我们就愿意招纳这个商户，后期培训他做好产品"。

锦上添花设计团队在行业疫情瓶颈期取得了3个选商成果：湖南张家界72奇楼文旅小镇共计128个铺位，通过3个半月的招商工作，现场参与报名选商的商户达到了468组；河南安阳殷墟考古文旅小镇共计113个铺位，通过3个月的招商工作，现场参与报名选商的商户达到337组；"南宁之夜"共计113个位，通过2个月的招商工作，现场参与报名选商的商户达到452组。

选商主要体现在两方面：一方面选品，打造符合街区文化特性的商业产品；另一方面选人，找到符合街区运营理念的人才。锦上添花文旅集团有一套成熟的"五选一"选商概念，即一种PK模式，在招商中广泛运用。

前期用2个月时间对景区周边300公里进行商户海选，一般会海选500~1000户的拜访量，然后召开大会，提前跟商户交流好，现场进行一个抢牌仪式。景区里面的产品也要反城市化，把这些产品基本上模拟出来、做成牌子，在开商户大会的那天商户现场去抢。

在两三个月的沟通过程中，和这些拜访的商户充分建立互信，把项目的好处充分说到，沟通交流以后，选商大会那天现场抢牌。比如街区有个火锅品类，现场就会有五个牌子，只允许有五个商户来抢。开会的讲话非常重要，一定要有政府领导，然后要有甲方代表，最后是设计方代表、运营方代表和一个招商代表，五个代表从定位、政策、运营不同方面讲解整个项目。

整个会议周期为2小时，开会的前40分钟名额不开放。会议进行到40分钟左右，大家对街区的情况基本了解后，就可以让大家抢牌，一个品类是5000元，现场商户缴纳报名费。比如街上需要100个品类，就模拟出来100个品类的500个牌子。每个人最多只能抢五个品类即五个牌子。现场如果有商户抢了之后后悔，立刻当场把费用退回他的账户，树立了一个公平诚信的市场环境。5000元是报名费，报了名就有资格来PK。

以锦上添花文旅集团在秦皇岛的一个选商会议为例，一共110个

产品，共550个牌子，一个牌子5000元，现场就是275万元。会议结束三天后，就会进行五选一的比赛。一个品类被五个不同的人抢走，五人同时到场，由甲方、设计方、招商方提供五个专家委员在一间屋子里等待盲审。另一间屋子摆上五套相同的厨具和食材，组织五位商户现场制作菜品PK。做好以后装盘，同时送到专家评审委员会的房子，由专家委员会评审选出最优者，当场公布结果并与选中的人签订合同，同时把报名费退还给落选的四位选手。

这样的选商首先经过初筛，选出一定水平范围内的优商；其次，商户抢牌子交报名费，肯定会选择自己最拿手的品类；最后，再由专家委员会选出优胜者。经过三道关卡，完全实现了优中选优。

商户签订完合同、补足费用之后，就由对接团队对商户进行全方位的梳理，包括所有的产品、深加工、炉

157

灶的大小，店招、电网、所有的灯光等进行整体设计，设计图纸出来就进行精细化施工。装修完毕，商户入驻后还要进行经营指导和定期培训，确保产品的高水准。

锦上添花文旅集团爆品项目之一青岛"明月·山海间"的商户当时由专家委员会审评选出，适合的就会留下，不适合的主动劝退。设置了这么多条件后，不仅不会招不到商，反而来的人越来越多。因为相应的画像越来越清楚，门槛虽然提高了，但信誉随之也高了，优质的商户会群聚于此，优质的产品必将为街区带来超出预期的经济效益和口碑传播。

五选一，100个品类对应100个商户，要经过100次的三重筛选，目的就是选出最好、最优质的商户，街区需要的不是泛泛的产品，而是真正用心打造的爆品。

夜文旅街区的选商是一个系统过程，摆脱老式的招商模式，做全方位的选商，通过前期的大批量拓客，达到事半功倍的效果，"优中选优"的锦上添花文旅集团选商模式有利于品牌的生存和发展，也有利于后期运营。如果说招商是碰运气，那么选商就是精准策划和精准布局。

栽下梧桐树，引得凤凰来。前置运营是锦上添花文旅集团在实践中摸索出来的适合当下文旅街区发展的一种商业运营模式，未来将开发出更多具体应用路径。

第五场

TIKTOK MARKETING

抖"瘾"营销

如果说疫情三年是让全球经济停摆的最坏三年，同样这也是夜经济突围升级的最好时机。

多种夜文旅产业不断寻求探索与革新，网红项目、流量品牌等陆续进入夜经济市场，更多新奇有趣的体验业态吸引了不少游客的眼球，不断更新热议的话题催化夜文旅自我迭代成长。

抖音化时代，夜色上瘾仅需15秒

巨量引擎城市研究院发布一项调研数据显示，超过80%用户通过短视频/直播平台获取了解城市夜生活资讯的渠道。2023年5月，有超过4000万抖音用户关注夜间经济，同比增长70%。持续增长的兴趣用户同样带动夜间经济相关内容关注热度的提升。2023年1~5月，约7000万用户在抖音分享个人夜生活场景，总打卡量超过7亿，其中一半以上涉及消费场景。

刷屏时代，拥有8亿用户量的抖音成为与微信、微博并称的"三驾流量马车"，锦上添花文旅集团研究出"抖瘾营销"传播机制成为夜间文旅扩张的新姿势。利用抖音平台产生各式各样的社交娱乐场景，给人带来无穷乐趣，让人产生心跳的感觉，乃至"上瘾"的过程。

20世纪的明星艺术家安迪·沃霍尔曾经说过："每个人都能成名15分钟，每个人都能在15分钟内出名。"而大红大紫的抖音却告诉了我们，要想出名只需要15秒就够了。

"抖瘾"是抖音流行词汇的母本，由"抖音"演绎而来，"抖"即场景，制造沉锚效应，第一次消费，"瘾"即复购，锦上添花文旅集团创造"抖瘾"传播机制的目的。一是让市场更加深入认识传播策略；二是打造网红消费产品时，首先应用新营销思维模式与思考工具。

抖音的流行传播遵循了三个法则：个别人物法则、附着力因素法则和环境威力法则。锦上添花传播团队将"抖瘾"分为5个场景："抖音上是刺激，消费前是好奇，看见后是惊喜，消费中是高潮，消费后有回味。"受到刺激就会心痒，感到好奇就会寻找，觉出惊喜就会拍摄，体验到高潮就会给好评，回味就会推荐，顾客发自肺腑的点赞和感慨，能够在更多顾客心中种下疯狂生长的、包含强烈复购欲的"种草需求"。

这5个场景的叠加，促进了探索性消费经济（Exploratory

Consumer Economy）的出现，这将成为未来消费市场"心经济"模式。探索性消费的威力就在于顾客看到抖音视频上的"新奇乐"，就会在心智上产生"需要"和"想要"念想，并顺利挖掘到顾客的隐形价值，从而变"流量"为"留量"。

锦上添花"抖瘾"魔方由四个阶段组成：触发→行动→多变的酬赏→投入，这套理论完全可以帮助文旅街区打造爆款产品。

东北不夜城首席品牌官刘旭以东北不夜城举例，东北不夜城在流量到留量过程中早就做好布局，从微信粉丝群、抖音粉丝群、抖音直播、OMO等手段构建了完整的营销生态闭环，东北不夜城的重游率达到90%以上。

刘旭在东北不夜城重解"抖瘾"魔方，通过构建参与感的"三三法则"，即开放参与节点、设计互动方式以及扩散口碑事件以提高流量到留量的转化。东北不夜城分别打造出"篝火晚会、梅河招婿和不倒翁"三大爆款场景，街区的宫廷香酥牛肉饼、宁夏红柳烤肉、重庆酸辣粉都成为游客的上瘾产品，门口排队的人群和反复购买数据证明了这一点。

篝火晚会、梅河招婿、不倒翁三个节点演艺成为东北不夜城在抖音平台上的三大热搜项目，不少游客表示每周至少三次来到街区体验快乐，寻找乐趣。而这三个演艺的好感度、拍照率都达到90%以上。在抖音数据上，#梅河招婿#梅员外话题播放量均达到了上千万。

锦上添花人认为国内大部分街区在开业三个月火完之后变得冷冷清清，这是因为在营销运营上没有把游客池建立起来，流量池成了漏水池。甚至花大量的预算在KOL（关键意见领袖）、红人、博主，做完campaign（广告运动），但时间一过，就如石沉大海。

锦上添花团队将乔·吉拉德的"250定律"应用到东北不夜城街区运营当中，每一位顾客身后，大概有250名亲朋好友。赢得一位顾客的好感，就意味着赢得250个人的好感；反之，如果得罪了一位顾客，也就意味着得罪了250名顾客。

重视每一位顾客，回归顾客终身价值，把"产品力+品牌力+渠道力"更新为"体验力+运营力+科技力"，根据这样的上瘾魔方理论打造的场景和产品成为不夜城一路长虹的魔力所在。

"抖瘾"智造夜色"四即"方法论

抖音为何有毒？因为这里面有抖瘾——一种想博取别人关注的瘾，期待一夜出名和出人头地的瘾，只做了几分钟甚至几秒钟的动作，便想获得万众瞩目的成就。

诺贝尔医学奖得主阿尔维德·卡尔森发现，所有的上瘾症都与多巴胺的物质有关。多巴胺是一种脑内分泌物，它会影响人的情绪，负责大脑的感觉反应同时传递兴奋及开心的信息，也与上瘾有关。

所有上瘾者对多巴胺受到刺激与感受到兴奋感的追求，事实上是为了逃避一些痛苦，四处去寻找快乐和安慰。抖音的确在创造"奇迹"，创造一种"不一样的生活"。

刘磊曾在自著的《餐饮场景》一书中提出"抖瘾"营销的"四即"方法论。美食美景美人也许是静止的，但经过抖音上的互动，成为"抖瘾人"的精神食粮。

郑也夫在《后物欲时代的来临》中这样描述"瘾"："有了瘾就不会空虚了。没有上瘾，不仅仍然有可能陷落到空虚之中，甚至难以与一种行为模式系接到一起。现代人大规模地、义无反顾地陷入

'瘾'当中，是有深刻的原因和功能的。"有人认为，抖音上的音乐、舞蹈、美食等，是一种治愈系的宣泄，它有两大特征：单次使用时间久，使用频率高。

为了让夜游变为"抖瘾"，让顾客迅速在心智中留下峰值的印象，锦上添花文旅集团总结了"抖瘾"智造夜色体验场景的"四即"方法论：

第一，欣喜即刺激。给顾客惊喜和仪式感，便可引发"超凡"之感。

就如抖音作品一般，夜游体验也要提升感官享受，就要打破脚本。比如在锦上添花自己设计的项目玉泉山庄当时经常停电，山庄就给每位客人发根蜡烛，顾客点着蜡烛吃烤全羊，有句宣传语叫"烛光晚餐烤全羊，乡村田园好生活"，没过多久，玉泉山庄就门庭若市、热闹非凡。通过一些场景建设让顾客感到意外的惊喜而难忘。

第二，认知即铭记。当顾客恍然意识到自己的能或不能时，那种醒悟、厌恶、心碎、狂喜的情绪，会铭记终生。

有些餐厅推出一道让顾客挑战的活动或菜品，顾客通过挑战来检验自己的勇气。比如抖音上推出的"一口香"臊子面18碗挑战赛就很有趣，第一次顾客吃了9碗，那么下一次顾客想再挑战吃10碗……这种层层升级既能让参与者铭记，又会带来荣耀时刻，吸引大量抖音用户参与。

第三，荣耀即心流。在店内顾客展现勇气、获得认可、战胜挑战的一刹那，顾客的内心会自发产生一种骄傲和自豪感。

东北不夜城每年都会举行盛大的"梅河口东北泼水节"，进行取水少女选拔赛，参赛选手以形体、才艺、形象为选拔条件参与角逐，通过线上投票方式选拔出东北不夜城最美"孔雀公主"1名，并获6666元现金奖励，这些都可以给顾客带来一种自豪感、愉悦感。

第四，连接即获取。和他人一起经历痛苦、实现目标时，人们会感觉彼此关系更进一步。

连接，一是要加深与顾客的感情，二是要给顾客打造宝贵时刻。茶马花街建设时，一位领导提到他小时候常常吃的一种豆腐，叫"草绳串着豆腐卖"，整个昆明都没卖。通过寻访到建水县，终于找到这样的豆腐，于是将商家找来开了一家店，生意很好。

如今抖音能够做到让用户成瘾，从线上视觉震撼到现场娱乐的欢快氛围，不夜城是有温度的，这是抖音带来的"真情实感"，也是不夜城带给游客的眼瘾、耳瘾、嘴瘾与玩瘾。

虚拟场景带来真实社交

传播是营销的核心，其有三个维度：网络维度、大众传播和人际传播。在抖音页面或朋友圈，用户因看到某种场景而刺激了消费的冲动，页面和朋友圈既是内容的传播者，又是制造者。

刘磊在《餐饮场景》中提到，"优质的内容，大家都会动口张嘴去传播。一道菜、一个人或一个节目，当人们对它产生好感的时候，便忍不住拿起手机拍照，发在抖音或朋友圈，这就是一种上瘾的传播，又会吸引为之青睐的人群，不断重复传播"。

抖音在内的数字平台改变了人们的社交半径，不再局限于血缘和地缘，可以和世界上任何地方的人建立联系，对人际关系的性质产生了深远影响。古老的社交边界被打破后，人们越来越多地通过兴趣、身份等方式聚集。

当我们在无数失眠的夜晚里选择刷别人生活的视频消磨时间，带来内心的慰藉，但当放下手机时，落寞的情绪会被无限放大。归根结底，虚拟社交始终都代替不了真实生活，即便它能暂时填补我们在现实中的情感缺失，也无法形成情绪末梢的支撑点。

一位美国著名科技评论人士约拿·莱勒（Jonah Lehrer）说："社交网络大战的赢家不应当替代传统的社交模式，而应当专注于提供更好的补充，放大人际交流的优势。"

不夜城如同一个抖音线下社交圈，分布着不同年龄、性别、职业、兴趣爱好的人群，一旦踏进不夜城，看到不同人群在欣赏同一个节目、探讨同一个话题，有时候会停下脚步与熟悉的人打个招呼，也有可能遇上热情友善的陌生人，与他们跳舞喝酒，结识到新朋友。

严格来讲，抖音这样的虚拟社交与真实社交并非是对立的，而是一个递进关系，既相互独立又相互共存，彼此承载着朋友之间关系的搭建与维持，借着社交平台的依托，来到线下真实场景，一个个真实的人与物就在身边，其本质还是对线下实体关系链的一种映射与体验。

不夜城其实就是一个窗口，应生于人类本质上对陌生世界的好奇心，洞察游客，透过不夜城嫁接到陌生人的内心世界中去。充分的线下互动活动，感受真实社交为核心的生命力，在魔幻场景的催化下，带给游客"一切皆有可能"的未知惊喜。

不夜城是以真实社交为导向的陌生人社交领域，模糊的用户分层与不同的社会阶层，可助我们建立和拓展此前并无太多交集的人们，让陌生人不再陌生。

不论未来"抖瘾"社交是否会产生改变，回归交往本质，将虚无留在过去，将真实带向未来。

165

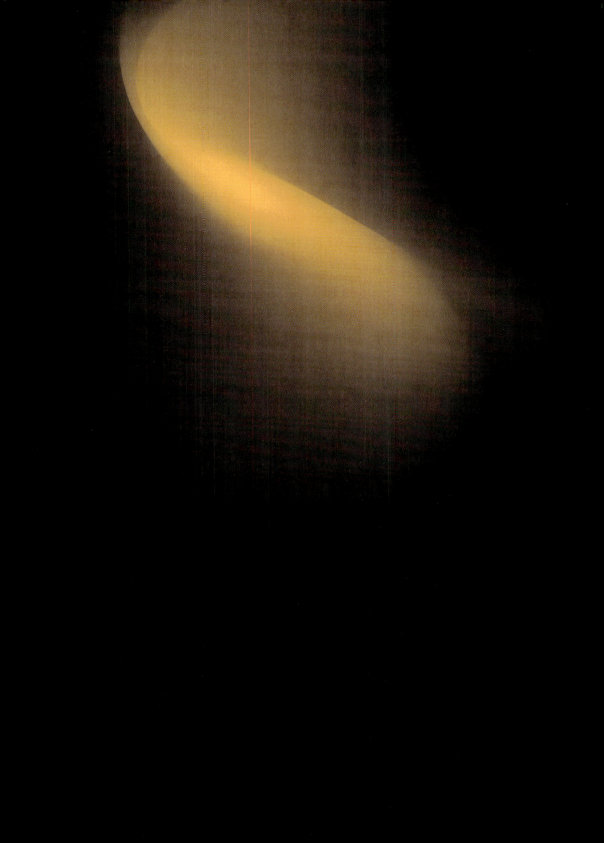

夜创新

第三幕 ACT3

NIGHT INNOVATION

习近平总书记指出："中华文明具有突出的创新性，从根本上决定了中华民族守正不守旧、尊古不复古的进取精神，决定了中华民族不惧新挑战、勇于接受新事物的无畏品格。"正是在这种精神的引领下，中国文旅在一次又一次的文化传承与产业创新间，寻找让文明不陷于窠臼僵化的分寸感，寻找能够发挥传统活力的超越性，找回传统文化对年轻世代吸引力的抓手。

传统文明的突破不存在一个标准答案，但每一次、每一位创作者的作答，都让中国文化更进一小步，刘磊笔下的"不夜城"亦是如此。借以"不夜城"在当下夜经济创作环境中的部分作品，按锦上添花业务类型分为文旅地产、不夜城经济赋能、乡村振兴美食模式、特色小镇存量盘活、文化传承五大板块，展现出当今市场在传承传统、发展创新之间的探索。

同时我们也期待更多"刘磊们"能以未来发展的自觉穿梭在文化传承与产业创新的维度中，砥砺前行，推陈出新。

CULTURAL AND TOURISM REAL ESTATE

文旅地产板块

"导演主义"智造消费

　　刘磊是中国文旅界知名的"新生代网红设计师",他的"夜生活两部曲"(繁花似锦不夜城、绿水青山不夜村)如同一缕细暖阳光洒向大江南北的街头巷陌,驱赶掉黑暗与冰冷,他营造出的"夜剧场"充满欢乐与活力,兼顾艺术性与商业性。

　　刘磊长期将自己的设计风格定义为"导演主义",他说:"如果文旅投资人是制片人,设计师就是导演,文旅导演主义设计追求顾客内心深处的深刻体验,一切材料、元素都面向顾客的感观。人和文旅的关系以顺应自然为基础,植入导演主义,每个项目都是一部作品,每个作品均以其营销及功能而实现,要全面降低我们制作人即投资人的风险,拍爆片、好片,拒绝烂片。"

169

刘磊的文旅导演主义设计融合了东西方艺术的精髓，跨入各行业流派，而独具个性。把文旅导演主义精神发扬光大，成为锦上添花创立的初衷——顺应时代潮流，在文旅街区设计空间里建立自己独立的体系，这也是锦上添花文旅集团设计每一部作品的恪守方针。

艰苦实践孕育"导演主义"

在长达几十年的"导演"生涯中，刘磊在各地建设上演了上十部"不夜城"作品，将剧场的表演形式用于本土根源文化的挖掘中，形成了独一无二的"夜色美学"，并凭借对消费需求的深刻诠释获得行业声誉，被誉为"中国梦舞台"。

其实刘磊从来没学过艺术或文旅，他原是做餐饮设计的。但是从未接受所谓科班训练的他却创造了对中国夜文旅行业极具影响力的现象级作品，而且一直在坚持创作迭代。

2000年刘磊从西安建筑科技大学毕业，一出校门他便坚定了自己的事业目标，毅然背起书包到处推销自己的设计，在遭受无数质疑与嘲讽后，他终于筹集资金租下自己的第一间设计工作室。

　　两年的摸爬滚打让他积累不少经验与资源，他自创流派，缔造导演主义，摸索出一套属于自己的独特设计风格，进而创立了自己的设计工作室——西安锦上添花设计公司，将餐饮设计作为企业主输出方向，十余年后锦上添花成为国内餐饮设计的顶尖品牌，累计设计餐厅2000多家，本人更被业界誉为餐饮设计的领航者，他缔造的导演主义设计王国，在不断提升餐厅盈利能力的同时，追求着顾客内心深处的体验，影响着餐饮行业的设计走向。

　　多年后，他不再满足于几十平方米的餐厅，而是扩大其导演空间，聚焦到一条街、一个商业综合体，甚至是一个镇、一座城。他以餐饮设计为主体，综合灯光、行为艺术、节庆活动等设计，进一步深化到文旅行业打造综合立体型的"微旅游度假目的地"，成为一个一站式"文旅综合体缔造者"。

　　在刘磊的理念中，好的文旅街区设计与餐饮设计之间没有界限，可以相互浸染流动，美味与文旅娱乐元素在同一空间共存，甚至赋予夜文旅新的设计意义。他认为，用导演主义指导设计的优势，可以在力度和深度上有更大的想象空间。

171

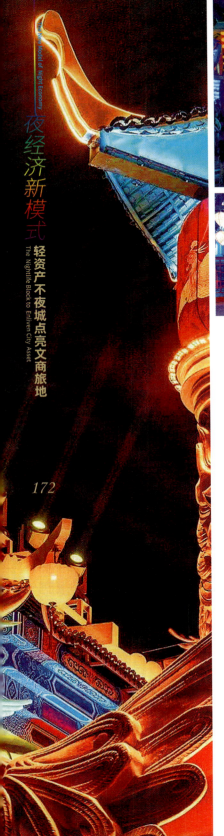

　　刘磊总是亲力亲为参与每一项目产品的设计，拒绝任何不完美的借口。在设计之初，他要求设计师深入城市生活空间研究每一个细节，设计的每个作品，都要符合城市的性格、文化理念，从而达到让设计提升城市品牌溢价能力的目的。他为了让设计师们了解消费者的消费需求和心理，提出设计师的"消费者体验"，让每一个设计师都要去公司设计的街区亲身感受。

　　为了让锦上添花的文旅产品最具特色，刘磊几乎跑遍了中国各地网红文旅项目。设计对于消费至关重要，后期运营服务同等重要，任何细节上的不足，都会影响到消费者的游玩效果，因此，刘磊为投资者量身打造了一套完善的服务体系。

　　刘磊说，锦上添花对待投资人的每个作品，都要经过周密的预测与考察。在经过实地调研、反复推敲、团队讨论、可行性分析、画好图纸后，设计师才能判断出是否真正符合这座城市的文旅主题。他们对街区的一景一铺、一路一线都赋予了不同的设计灵魂与生命。他们专注于微旅游目的地的专业设计，致力于把导演主义在文旅行业中发扬光大。

几十年的成长道路，刘磊也不断遭遇瓶颈，压力大的时候他连续几天熬夜，也曾连续为一家客户做出过十几套方案，还会和投资人发生一些理念上的分歧。但市场上正在上演的火爆案例和刘磊对结果的绝对保证总能消除投资者们的顾虑，放手让刘磊随意发挥，这种"最大信任"也让投资者收获到意料之中的满意结果。

做东北不夜城项目时，连续三夜未眠，得了突发性耳鸣，至今未愈。刘磊就这样抱着"不撞南墙心不死"的破釜自信，慢慢在文旅方面有所建树，用真诚与专注的态度倡导了导演主义，寻找到可持续发展的"意义空间"。

场景导演占位消费心智

刘磊是一位文旅实战派代表人物，他的导演手法精准人性、丰富多彩。他的夜文旅方面探索和创新，拓展和丰富了中国人的夜生活。

相比设计师、董事长等职位，其实刘磊更愿成为"中国人夜生活的总导演"。"导演"有意为"场面调度者"，刘磊说，"作为导演，一项拍摄任务交到你手中，应该怎样做才能将它变成一部精彩的电影？"刘磊十分享受这样"探索式的设计"过程。

在产品抵达其最终效果的过程中，最重要的事情就是发现一种

理念，并在整个策划—设计—运营的过程中彻底贯彻它。这不只是在设计者脑中演绎的抽象概念，而是创意指导实践的准则。

戏剧艺术的一切问题毫无例外是由导演做主，导演对一场演出负有最大的责任。刘磊作为无数台"不夜城"的总导演，往往夜色一降临，他就要同时负责多个舞台，并对现场的剧本、演员、观众负责，回答有关演出的一切问题。这对刘磊的要求是极高的，他必须精通音乐舞蹈演出、装置艺术、灯光技术、运营管理等多方面知识与技能。

斯坦尼斯拉夫斯基曾说："导演不能培养，而应当诞生。"相比"有天赋"，其实刘磊更像是个"匠艺导演"。一年365天，无论是举家团圆的节庆还是应属"打工人狂欢的周末"，他不是在项目地现场监工，就是跋涉在开创新版图的路上，他以勤恳与修养成为员工们从心尊崇的领导者。

从幕后总导演、设计师、策划师到现场运营人员，所有人的目标都是一致的，共同演绎一场"全民参与、内容多彩"的演出，只不过他们的贡献各有侧重。在表演时，策划师使用文字与创意，设计师使用画面和技术，现场运营人员则是表演与控场。

刘磊作为总导演则要善于拨动员工、商户、游客们的心弦。他必须同现场演员、商户一起"演戏"并"通过演员"在游客心灵里寻求反映。把一座城和自己的情感，通过演员的表演行为，传达给观众。

锦上添花文旅集团设计的作品，宛如一位古今派"意象诗人"

用场景细细阐述着他的诗意情怀；对于生活的观察和理解，从"导演主义"的角度，总能将普通不过的事情用蒙太奇手法艺术化与戏剧化；细细品味，更有"哲人"深刻的思想内涵。

事实上，利用场景互动制造盈利理念，就可以帮助一座城市成功出圈。其实导演主义场景化设计就是从六种消费模式上缔造不夜城"平和与激情"的空间美学。

第一，要让消费者在琳琅满目的选择中有进去消费的欲望；第二，在当下自媒体传播时代，要让消费者有拿起手机拍照、发朋友圈分享的欲望；第三，要让消费者对品牌IP有深刻的印象，看到某一环境、风格，就自然而然地想到某一品牌；第四，要让消费者深度体验产品，从产品到操作技法再到亲身参与，多度影响消费者心智；第五，要让环境与营销结合起来，让景观"会说话""会营销"，达到商业目的；第六，要让消费过程有趣味性，在消费之外，给消费者多方面的体验和服务。

比如锦上添花曾在昆明"茶马花街"的项目设计中，用老昆明风貌的红灯笼、彩绘马、油纸伞、酒坛子作为街上装饰。20多家不大的餐饮店荟萃了国内外各色精品小吃，都采用了明档现场制作的方式，杂而不乱、热闹非凡。顾客一眼可见店内的锅碗瓢盆、各式各样的食材，以及灶台上冒着的热气。昆明的鲜花宴、德宏的手抓饭、文山的余肉米线、玉溪的冰稀饭、临沧的木瓜鸡、曲靖的辣子鸡、普洱的茶叶宴等都让游客闻到香、看到样儿就馋了。"茶马花街"的场景体现了民俗风情，使这条餐饮街既好玩又好吃。

175

　　导演主义设计核心是用场景为项目引流，不仅是通过物理场景设计去吸引顾客，更是从游客心智出发，设计并打造心智流量池，"流量思维"才是项目的关键和未来。

"导演"有度满足消费需求

　　刘磊说："导演的个性，同时作为一个设计师和作为一个消费者的观点，无疑要反映在整部演出当中的。但是，必须要善于表达它们并且有权表达它们。"为此，必须懂得游客到不夜城来不仅是为了夜晚放松消遣，也完全不是为了看"新奇乐"的发明创造。游客感兴趣的首先是这座城的文化性格、美食美景、烟火人情。

　　"导演主义"的应用不仅要敢于且擅长冲破一切界限，拆除一切局限，放心大胆地实现城市主义的幻想。同时其力量与智慧之处，还在于自觉自愿地约束自己。

最初刘磊在进行项目设计之时，将吸引力专注在自己身上，那些城市历史、本地人生活、网红文旅产品，对他来说只是借以表达自己对城市夜生活想象的素材。后来他渐渐意识到一个问题："在我没有搞清楚游客来这个地方的需求是什么时，我有权将自己的见解强加给他们吗？"

"导演主义"的成功，在于极其深刻地、合乎时代要求地、准确地把握消费主义，理解它并破解它。刘磊认为，"当代的市场导演，首先必须成为生活在当今时代人们当中的最优秀的读者。尽最大可能使演出接近消费者内在需求，而不是只开发自己才能"。

刘磊以极大的激情与丰富的想象，用一些简易装配式建筑，找出适用于城市的某种剧本，而且是仅仅适用于这个城市的最确切的假定性方式。把人们对美好生活的需求塞进现实空间，把一座城微缩进这部演出，上演给外来游客和当地居民，不仅是某个单一故事情节。对刘磊来说这才是导演最崇高、最艰巨的职能。

实际工作中，不单是消费者，其实全过程参与创作的集体、现场表演的演员也是"导演主义"中的核心人物，需要充分理解总导演思想，同时这也构成"导演艺术"的难度与迷人之处。

"导演主义"是城市诗意和市场艺术的焦点，它使得城市文脉、地脉、人脉等一切组成光线统统聚焦在"不夜城"这个聚光点的棱镜上，再由它从内向外折射向导演、设计师、建设者、运营商、演员以及观众身上，成为一个五彩缤纷的光源。

刘磊对中国夜经济发展的看法是充满激情的、进取的。所有人倾注一切，都是为了拍出一部票房大卖的片子，无论是商业片还是文艺片，只要票房高，那就是对导演的肯定。

177

NIGHT ECONOMY EMPOWERMENT SECTOR

不夜城经济赋能板块

轻资产不夜城新文旅模式

为大力推动中国式现代化新经济的高质量发展，锦上添花文旅集团长期致力于开拓新文旅的新路径，打造出独特"超级IP——不夜城"夜游系列，成为点亮文商旅地的新模式、新赛道。

"不夜城"系列产品与模式，呈现出中国式现代化新商业以内容为王、极致场景设计为载体的商业空间。打造集本地传统小吃、本地特色美食、传统文化博物馆、国潮清吧、时光咖啡馆、国风文创、非遗工坊等业态为一体的国潮街区，一个能让游客能感受到"文化自信"的新型商业文旅体验地。

在中国式新夜经济的推动中，"不夜城"系列走在所有文旅街区前端，打造出极致的交互式现代化新文旅，如今中国文旅"不夜城"系列已发展到第三代产品。

"多快好省"的不夜城2.0模式：万家灯火

以吉林梅河口·东北不夜城为例。

东北不夜城作为锦上添花打造不夜城2.0模式的佼佼者，在吉林梅河口这个五线小城，将非A级大马路打造成客流不输AAAAA级景区现象级城市文旅项目。东北不夜城的经营数据着实亮眼：2021年运营163天，游客量408万；2022年运营166天，游客量420万。推动了梅河口城市GDP12.8%的提升，推动梅河口升级成为省直管市。

"多"：流量多、增益多

内容为王，主动线留客2小时。东北不夜城原本533米的短街步行只需10分钟，必须在主动线上做足内容才可以留人驻足。内容上，主街区建设有牌楼灯柱56座、商铺花车95处、大小舞台37组、娱乐设施26个。极致聚焦下，东北不夜城这五百米集中了38个演艺节目，演艺密度全国之最，一步一景，一店一色，抓住游客心智。

"快"：创新快、回报快、落地快

17天"无中生有"。东北不夜城以其构筑物灵活，微演艺机动，储备商户多等优势，可以做到17天时间"无中生有、有中生新"打造的文旅新物种，迅速点亮一个城市。一年内60%内容快速迭代，甚至可以做到会跟随时间、季节、游客喜好程度等发生变化，互联网流量快速变现等方面。这种灵活快速的迭代能力，使东北不夜城随机应变、常逛常新。

"好"：体验好、内容好、效益好

全民参与的城市文化舞台。东北不夜城充分融入东北人的生活元素打造回家文化，创造了一个全民参与的"城市舞台"新概念。将东北当地的文化图腾、非遗体验、民俗演艺、古老手工艺、百年老字号、少数民族元素等进行有机整合，再融入项目中，形成独具特色的文化底蕴。整个街区的所有场景设计都是与人的情感对话，让游客觉得这些构筑物和演艺都和自己有关。

"省"：投资省、营销省、运营省

对赌盈亏、共享收益。不需要面积很大的空间场地，一万平方米就可以打造文旅项目，重要的是时间省去很多，开业快，实现流量变现，最终让景区盈利。目前不夜城的投入占到传统文旅的20%，却能够创造约6.5倍于传统文旅的客流量。

"不夜城"推出游客0元购票、商家0元入驻的新模式，成功吸引了一批观光旅游、娱乐休闲、特色美食、网红打卡、非遗传承、精品文创、地方特产等各业态优秀商家入驻，构建起丰富多元的文商旅综合体，充分满足游客夜食、夜游、夜购、夜娱等多重消费需求。根据目前的数据判断，不夜城2.0版可以4~5年收回项目投资成本。

"多快好省，灵迭潮播"
不夜城3.0模式：千里江山

目前不夜城3.0产品正在全国各地推广，不断下沉市场，助推三四线城市的发展和名气提升。截至2023年8月，不夜城3.0已落地9个。在原先2.0基础上进行了升级，呈现出"多、快、好、省、灵、迭、潮、播"的特点。

第三代的千里江山有两个版本。一是政府版，即"×××之夜系列"。这个主要打造的是中国梦城市舞台。通过低成本战略，快速落地引爆地区经济，深挖地方原住民需求，解决当地文旅核心问题。另一个版本是企业版，名为"华灯初上亮九州"。疫情后很多三四线城市的经济受到了冲击，华灯初上亮九州项目有一个特点，保证开业前即可收回建设投入资金，极大降低投资风险。

更快的场景迭代和内容升级

第三代不夜城包含"网红经济+文旅经济+夜游经济"，同时解决"流量"与"留量"，运用自身影响力和游客网络传播，从获取流量转变为"流量产地"。建设中采取大量装配式建筑，节省材料成本。打造投资省、运营省、营销省的夜经济新模式。以迭代快、迭代新的场景打造为核心内容，根据市场及客群喜好更新迭代，积极更新，保持对游客的持续吸引力。保证文旅项目从网红到长红的良性发展。常态化更新的娱乐打卡装置对于游客的吸引力非常大。好看的场景、绚丽的颜色、有趣的设计、好玩的产品，都是第三代不夜城的长期核心吸引力，让游客能积极主动地参与进去。抓住游客的心理特征，找准方向，投其所好。

国潮文化的多元激活

现在"90后""00后"消费者，喜欢国潮文化，愿意为国潮买单。国潮是以中国文化元素，年轻人文化自信张扬的表现，也是传统文化表达的新方式。所以要把当地文化再激活，也在全国寻找国潮相关的内容，融合到不夜城3.0的项目中去。现在通过国潮内容再开发，吸引很多年轻人客群，同时来这里的年轻人也是一个触点，不断去链接更多年轻客群。

"游客即演员"式互动演艺

不夜城模式优质的"互动演艺"系列同时更迭为第三代，街区等于舞台，游客等于演员。以沉浸式表演艺术为手法，赋予第三代不夜城特定的主题风格，以独特的主题场景为载体，致力于让更多游客参与到整个街区舞台的表演当中。第三代不夜城在灯光的运用上更加细致化、多样化。演艺舞台搭配编程灯光，通过声光电等科技手段，与区域文化演艺升级相结合，通过"行进式演艺+行为艺术演艺+实景演艺"的创新演绎模式，将第三代不夜城项目打造为一座特色文化演艺集结地，引爆网红效应，给游客一个选择前往的理由。

通过创新演艺、国潮舞台、科技互动等形式对本地文化精华进行创新展示，以本地文化为主，通过行为艺术演艺铸造专属于本地的文化IP，以中国特色、国际标准的原则进行文化的活化演绎。第三代不夜城项目以演艺的精巧设计，联动整个项目，激活各片区业态。

经营模式的创新升级

第三代不夜城把握疫情后时代的城市更新、夜经济发展等政策导向，

将街区大型活动作为常态化实施。同时与街区的商业业态形成组合，全新的低成本行为艺术演艺与巡游IP彩车来诠释项目本地文化，结合大量的点状式互动游乐打卡美陈设施，为游客提供一个真正具有文化气息、烟火气息的潮流街区。

第三代不夜城建设和运营成熟后，将带来多方面价值的提升，能有效促进区域的经济、文化、旅游、产业等多方面的稳定发展。

根据项目地城市体量，建设运营后将实现年平均游客量300万~1000万人次，直接解决项目地周边就业700~1000个岗位；带动区域内16~25个自然村的农贸产品供应和大量土特产产品供应，带动城市GDP增长。为当地全域旅游助力，成为区域文旅项目和非遗文化展示的窗口；并可借势打造当地文化旅游产业示范；极大提升项目地的国内知名度，提升城市认同感。同时传承区域文化，活化文化的生命力，响应国家文化自信和文化强国号召。

第三场

RURAL REVITALIZATION FOOD MODEL

乡村振兴
美食模式板块

99元吃垮一个村

当前，我国最大的发展不平衡是城乡发展不平衡，最大的发展不充分是农村发展不充分。"三农"问题是关系国计民生的根本性问题。

中共中央、国务院印发《乡村振兴战略规划（2018－2022年）》指出，实施乡村振兴战略是建设现代化经济体系的重要基础。农业是国民经济的基础，农村经济是现代化经济体系的重要组成部分。并明确"产业兴旺"是乡村振兴的重点，是实现农民增收、农业发展和农村繁荣的重要基础。

利用好各地特色资源来发展具有各地特色的经济产业，是推动乡村地区经济发展、实现乡村振兴战略的重要途径。伴随着美食产业成为促进当前中国社会消费品零售总额增长的要素之一，而各地具有浓郁地方色彩和乡土气息的乡村特色美食，逐渐成为一种具有重要开发价值的经济产业资源。

袁家村的创与赢

　　说起美食与乡村产业，袁家村是文旅界依靠当地美食推动乡村振兴的现象IP。袁家村既是乡村振兴的探索者，也是乡村振兴的创新者和引领者，它更带给中国亿万农民自信、自强的榜样的力量。

　　锦上添花团队曾参与袁家村亿象城城市店设计，通过不断地调研、参访，梳理袁家村的发展脉络，采集人文乡土元素，以时间的演进轴线和空间的存在容量为创意坐标，展开袁家村亿象城城市店的设计。并在此过程中，完成了60多米汇聚袁家村的街道和店铺风情的手绘长卷和十几万字的文旅产业剖析阐述的《袁家村的创与赢》一书。

　　袁家村原是远离西安众多旅游目的地的一个贫瘠乡村，62户286人，一个极为孱弱的基础值，却创造了汇聚创客千余人，吸纳

就业3000多人，带动周边农民增收数万元的乡村神话。2018年接待游客达600万人次以上，旅游总收入超过5亿元。

袁家村以经营"陕西小吃"为主体，成立股份制合作社提供全民创业平台，有条不紊地布局乡村振兴全产业链。停车场、观光小火车、客运公司等服务企业完善配套，菜籽、玉米、大豆、红薯等优质农产品基地实现原料的自我给养。由三产带二产促一产，袁家村采取"本末倒置"方法，实现了产业的多维融合，闭环式产业链使袁家村的乡村旅游和农业产业成为兼顾绿色内外循环的生态圈。

排布新业态，从纯粹的关中民俗小吃开始，逐渐吸引顾客，满足顾客，袁家村从民俗美食到多元配套。想吃，从2元的炸麻花到160元的铁锅炖，足以饱口福；想住，从百元的民宿客栈到千元的精品主题酒店，足以入梦乡；想休闲，可以一边喝着煮沸的茯茶和村民谝闲传，也可以在调性咖啡馆里来杯现磨手冲。将原生态村落发展成为成熟的文旅综合体，小吃的比例下降，总额上升，商业自我调整将营收总额提高到新阶段，袁家村完成了新一轮的自我蜕变。

2015年，袁家村开启"农村渗入城市"的自我扩张道路，走出农村，推行城市体验店落地，在Shoppingmall里进行点式孵化。2018年由锦上添花文旅集团设计的"袁家村亿象城体验店"在西安东方亿象城开业。

与袁家村的小吃街不同，这里的餐饮品种集中在一个板块，入口处办理充值和退卡，售卖区和制作区用砖砌的灶台分割，30余家商户点状分布，品种很具有代表性，味道与袁家村当地并无二致。去不了礼泉县，也能吃到原汁原味的袁家村美食。

来过数次的食客大有人在，他们熟悉每一个窗口。进门处的包子个头可不小，面香四溢，馅鲜多汁。猪蹄因为常常排队而扩大了规模，大锅大盆，摆得相当有气势，招待外地朋友，必点一份方显气派。油炸糕让女生又爱又恨，咬开酥脆的金黄色表皮，里面的糖馅流入口中，温热焦香，一时间满足感屏退了负罪感。夏天最受欢迎的是蜂蜜粽子和芥末凉粉。这两种小吃的展演方式也很吸引人，蜂蜜粽子剥开之后晶莹剔透，用小竹片切成小块，再浇上蜂蜜，适合几人分食。凉粉现场制作，用特质的刮刀在粉坨上旋转，再用手轻轻一拨，一碗成条状的凉粉如魔术般躺在碗里，加料汁，辣子油，最后一勺芥末是点睛之笔，用来提升凉粉的"仙气"。独特的味道令人记忆深刻。锅贴、凉皮、牛肉饼、biangbiang面和粉汤羊血都是明星小吃，当然不能缺席。

每种食材都是从原产地运至这里，由村民现场制作，关中美食引来长队等候。Shoppingmall里的乡村体验，是袁家村模式的融合创新和市场延展。袁家村的"一体两翼"模式的成功，以袁家村品牌为核心体，品牌价值完成了空间跨越，延续着袁家村的品牌传奇。

美食体验设计是在售卖一种生活方式

自20世纪末旅游业在中国兴起，大多数的传统旅游景区都是早上9点开门迎客、下午5点关门送客。游客来游览仿佛是上一天八小时工作制的班，下班了就各自回家。袁家村作为寂寂无闻的新景区，从一开始就确定了全天候免费开放的策略，一年四季游客自由进出，不尽兴可以一直续摊。袁家村既是景区，因为它提供了各色休闲旅游的服务；它又不是景区，因为原住民和工作人员不分，服务和生活不分，村民们过日子，游客也来过日子，日子哪有上下班之分？

日子里还要有乐子。袁家村的经营者们深谙这样的道理，他们不仅在提供给客人的吃食上允许客人参与进来，亲手制作。每到节日期间，还通过举办传统剧目、非遗项目表演、巡游等形式吸引大量游客参与这个小小村落的狂欢。当这个时候，那些在都市中摸爬滚打的冷漠的脸上，突然洋溢起了生动的神采，多少人这一刻终于进入了一种梦境。他们在高亢的秦腔中成为帝王将相，或是在庄户人家迎亲的队伍里露出新郎官般喜悦的笑容，生命中总有这样一些时刻，它们照耀了一个人的生活，让他对明天有所期待。

学者们自然可以严肃地讨论消费与娱乐的新现象，可以高屋建瓴地批判娱乐的时代浪潮，但是对于在节假日来到袁家村的拖家带口的成年人，或是一对年轻的情侣，或是几个天真的孩子来说，能

够参与进一个具体的场景，笑过、吃过、体会过，就足以慰藉这一天了。

经过长期发展，现如今村内不仅展示关中民俗，游客更可以亲自上阵，生活在此处，哪怕短暂的体验都是鲜活可人的。辣椒从一颗红色的果实变成一碗喷香的油泼辣子，每一个制作环节游客都可以参与进去，亲自碾辣椒时辣出的泪水，刺激了大脑的反馈机制，会使人觉得这里的油泼辣子格外喷香刺激，以至于回家驱车几十里后，一低头衣服上还残留着那难以忘怀的味道。

吃饭、逛街和旅游，休闲消费形态里最复杂的就是第三种，因为它不仅包含前两者，同时还有交通、住宿、娱乐等其他消费种类，很难明确消费阶梯需要细分多类，在每类抉择中评定。

袁家村的做法最简单，专注做小吃，并且细分小吃种类，做关中小吃，做到100多种不重样。既然旅游的消费吸引力没有餐饮的消费吸引高，村民就先把饭做好，一旦顾客认可了袁家村的关中小吃，就认可了关中小吃所代表的关中生活。

在消费者的心里，相对低频次的文旅消费，吃是首位。袁家村牢牢占据了餐饮小吃的第一名，在竞争激烈的小吃认知上，消费者虽然有千万种选择，但在关中小吃的消费阶梯上，又有谁能与袁家村抗衡呢？

袁家村聚焦关中小吃，在关中小吃上又专注于"原"。原料要无污染、无添加，保持安全纯净；制作上要原生态、家常味，保持原汁原味；展演上

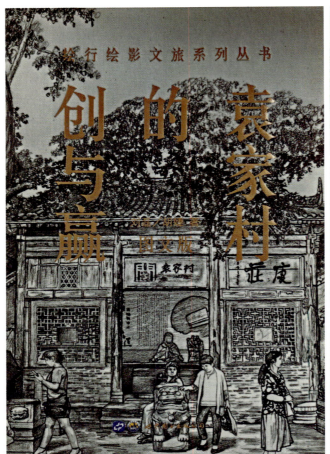

遵循匠心手艺，突出生活原貌。食品安全、家乡味道、情感表达三者合一，带给消费者极度信任和极好体验。

190

　　美食向来是一座通天塔，它打破所有的隔阂，将无数人生推向一个小高潮。

　　走在袁家村的街道上，每一家店的工作人员都热情高涨，他们用关中口音的方言招呼每一个走过的客人，就连做麻花的大妈大婶们，脸上也常常洋溢着丰收的喜悦。做酸辣粉的店家手脚利落、姿态优美，递给客人的时候还不忘自夸一下本人的小料多么地道；正

如村里的酒家卖酒给你的时候，门前堆满了豪情万丈的酒缸，碗里一汪佳酿，店家解释说这酒这会儿正是最好的时候。在这样的地方，每个人都有一种默契，今日可长歌可醉饮，唯不可未尽兴便离去。没有什么可以阻挡顾客对美好生活的向往。

对于经营者而言，体验经济时代，产品设计就是在设计一种生活方式。要寻找或创造更多、更好、更优质的体验触点，从围绕产品到提供服务，一系列的分解场景，设计各种各样的互动节目，在整个旅游体验的行动链上，旁观者的所获怎能与亲历者相提并论？

在后消费时代，售卖具体的商品已经不再重要，售卖顾客向往的生活方式才是关键。体验经济下，每个人最核心的需要不过是获得日常生活之外的快乐。袁家村为他们提供了这样一个地点，给参与的人提供一个欢聚一堂的机会，为了人生中每一个难以忘怀的瞬间鼓掌。而袁家村的成功之道，在于已然将这里的气氛烘托到刚刚好的程度，游客才入席，便已入了戏。

"99元吃垮一个村"的美食文旅再升级

乡村的美食代表了乡村生活方式，人们对乡村生活的追求日常转化为对民间小吃的喜爱。锦上添花文旅集团在过去传统项目模式基础上，提出"99元吃垮一个村"的美食创意体验升级。

针对乡村振兴开发的文旅村落，聚集"为食""来宿""畅游""妙探""勤惠"五大业态。以美食体验为龙头吸引力，将整个村落植入"自助餐式"的经营理念，只需要99元入场券，全村小吃美食任意选任意吃。结合演艺游戏、节庆活动、灯光观赏、民俗体验、文创售卖等元素，让整个村落成为一个"探索式的自助餐餐厅"，从而促进村落其他商业二消。

随着社会、经济大环境的改变，以及主力消费者的更迭，文旅消费市场也开始趋向于方便、经济、高质价比，这与现阶段低线城市流行的平价化的自助餐有了重合。主力消费市场也开始展现出对复合文旅的需求。

这种将"自助餐厅"融入一个村落、景区的新场景模式更像是一个食物大派对，打破了传统景区零点餐饮方式。在这个开放性空间里，摆满当地特色小吃、品牌产品、网红特产、地方农产品等上百种美食，游客可以随心所欲选择自己想要的食物，直戳人性的

“欲望”。

　　“99元吃垮一个村”不是克制欲望，而是在探索欲望的极限。对游客来说，99元全场美食小吃自由选择，一边寻食一边走动观看表演、体验民俗，而不用被动地在餐厅等位。在景区自由娱乐，与家人、朋友笑谈哪个好吃，能让双方拉近距离的同时也增加了游玩的趣味性，产生一种“探吃”的娱乐惊喜。

　　从地方特色小吃到网红美食，琳琅满目的店铺铺陈，总能让人每样都想尝试，避免选择困难症的游客顾此失彼，在食物与娱乐交叉点上，又增加了游玩的多样性。

　　对于乡村或传统景区来说，“99元吃垮一个村”模式是一次对内容的实时更新。面对如今下沉市场，为了维持经营，传统景区需要重新自我定位，开设副牌，用各种方式重新“开源”。

　　对于大部分现代人来说，“99元吃垮一个村”总有一种引导他们间歇性消费的魔力。薄利多销之下，景区二消的收益反而有可能擦亮整个经营数字。

193

第四场

ACTIVATE CHARACTERISTIC TOWNS

特色小镇存量盘活板块

"庙会大魔方"赋能地产销售

在中国历史上的城市格局变动中，庙会具有非常重要地位。庙会早在唐代就已存在，宋代随着都城经济发达，庙会功能高度扩张，成为既是物资交流的主要方式，又是商业贸易的主要场所。

随着社会发展进程加速，这种孕育着中国社会灿烂民俗文化的庙会在悄悄地消失。庙会文化传承至今到了一个重要关口，一边是整个社会日益高涨的怀旧情绪，一边是对于庙会现状的不满意，如今庙会迎来了全新的发展契机。

锦上添花文旅集团主导的"庙会大魔方"模式应运而生。以打造沉浸式文旅商"城市志"为契机，融合美食、娱乐、科技、购物等现代体验元素，重现一个个消失的庙会。

以"庙会大魔方"模式去除地产同质化

锦上添花文旅集团以"城市志"作为乡村振兴和文化载体的"庙会大魔方",用新场景全新诠释一个城市内涵的过去、现在和未来。城市志是记载地方的物产、自然、舆地、人文历史等的一本书。与传统方式不同的是,"庙会大魔方"瞄准的是因地制宜的地域文化,利用导演主义思维实现差异化的爆品打造,区别于地域文化相对单一的表达。"庙会大魔方"构建的是可以品味、徜徉、鲜活的城市美好记忆空间,夺取消费者心智。

锦上添花设计的"庙会大魔方"以100米×100米的立体空间作为主力产品模型,采用30%餐饮、40%娱乐、30%表演的城市文化街区的模式,将文化、建筑、产品有机融合。选取核心区的存量物业改造,分多个功能区域,如"四大剧场+环形长街",以低成本战略,通过闭合式经济快速聚集人气,让区域内经济高效发展。并且融合网红商家、手伴礼品、老字号美食、非遗技艺、地区地理标志产品、"一村一品"、文创杂货、演艺秀场、VR科技等,呈现在地文化的多样性。实现从打卡目的地到消费目的地的切换,适合各个年龄段甚至是Z世代的人群体验其中的沉浸式乐趣,成为老百姓喜闻乐见的休闲方式。

悦动辽源欢乐荟是锦上添花在全国首个运动主题的"庙会大魔方"。位于吉林省辽源市的悦动辽源欢乐荟,以引领和带动群众性体育运动为方向,集时尚运动、行为演艺、互动美陈、智能夜游、衍生文创、娱乐打卡、天下美食等诸多元素为一体,融入时尚运动

风潮，呈现一个现代化的时尚大型文、体、旅、商综合体，打造"运动中国、健康中国"的新标杆。

悦动辽源欢乐荟包含乐动辽源、涌动辽源、力动辽源、焰动辽源、舞动辽源、赛动辽源、情动辽源七大板块。每天都会有全民趣味运动赛，全民皆可参与的比赛，全民皆互动的游戏，不仅丰富多样，并且可玩性强，让游客们在游戏中体验运动的乐趣。

直升机演艺舞、飞碟演艺设施、快乐今宵雕塑、朋克乐队雕塑，商业演出、电音DJ、演艺、产品发布会等大型活动，整个演艺广场可同时容纳2000人以上。开园当天单日旅客突破10万人次，已经成为吉林省内现象级大众旅游新地标。

悦动辽源欢乐荟的文、体、旅、商完美融合，给辽源市的经济带来了新的活力，并成为吉林省的热门旅游目的地。无论是参与运动比赛，品尝美食，还是观赏表演，都能让人流连忘返，留下美好的回忆。

"庙会大魔方"模式四大建设特征

刘磊总结"庙会大魔方"打造的四个阶段。

第一，创意阶段。这是整个项目打造过程中最重要的一个阶段。将不同东西

融合在一起，围绕主题要展现的文化内容。从街区的形态和业态的展示方面进行一个良好表现。多元化融入，让整个产品产生新的价值，让游客产生更有趣的新体验。

第二，设计阶段。首先选好适合项目的设计团队和设计模式，必须前置运营和工程两个部门，也就是说在方案的设计阶段，运营团队和工程团队就要介入。

在方案设计时有哪些是不利于后期运营的，或者从运营的角度，需要增加哪些类型内容，在前期图纸阶段，把这些问题解决掉，而不要等到后期建成之后，再根据运营的需要做大量拆改。

第三，工程阶段。内容上包括各种创新的包装工艺、舞美工艺、灯光效果、地面铺装，以及一些特殊构筑物。

第四，运营阶段。"庙会大魔方"采用统一运营、统一管理的模式，并将世界级灯光亮化体系、现象级网红演艺表演、成熟的商业模式和现代科学的表现形式引入项目中，打造国际旅游市场和世界级旅游目的地。

在刘磊看来，设计就是制造流量，"庙会大魔方"的呈现，希

夜经济新模式

轻资产不夜城点亮文商旅地

198

望成为城市餐饮地标、文旅地标和社交地标。

就"庙会大魔方"来讲，这种模式有10个鲜明特征。

第一，国内旅游市场正朝着深度体验、城市夜游、跨界互动转变，后疫情时代，旅游市场呈现全面爆发趋势，"庙会大魔方"模式要紧紧依靠区位优势，打造旅游新名片和城市会客厅，为全域旅游赋能。

第二，庙会模式不仅是旅游收入的增加，对交通、住宿、餐饮、购物等多方面都可产生明显的带动作用，长远来看将带动建筑、物流、文化创意产业、数字经济等更多产业发展。

第三，通过数字创意投影技术，打造令人身临其境的庙会主题街区，呈现出非凡的沉浸式体验。按照元宇宙场景，在现实中高度还原元宇宙空间，通过VR、AR增强现实灯光投射，建筑投影等科技手段，进行二次创作及场景氛围。

第四，"庙会大魔方"完全颠覆我们过往对于旅游产品的概念，项目没有主动线，在动线上只强调一点，就是消防规范。这个设计从规划的角度来说，做了很多颠覆。另外在整个观演设计、沉浸式的演艺方式也做了大量的颠覆。

第五，"庙会大魔方"的设计，是把舞台的表达方式和主题街区的模式相结合，加上今天年轻人喜欢的元宇宙科技元素、国潮元素，包括二次元概念，使游客容易融合其中。

第六，通过定期或不定期举办大型与庙会相关的主题节庆活动为景区赋能。主要类型："庙会大魔方"巡礼、"庙会+传统节日"活动、线上线下互动宣传活动、展览展出活动。

第七，大力推动文旅深度融合发展，以沉浸式演艺、沉浸式展

览、沉浸式娱乐、沉浸式影视等为代表的"沉浸式体验"让每个节目都足够精彩，每一帧画面都极其吸睛。

第八，四场"超级秀+N台小演艺"，除核心演出外，"庙会大魔方"更将文化元素延伸到主题街区内，形成在人群中穿梭的多个小演艺。从白天到晚上不间断的大小表演穿插，满足不同地点、时间、节奏游乐需求。

第九，"盒子"迷宫剧场，让游客一次玩不够。"庙会大魔方"改变了舞台与观众席的模式，为演出建造了一座大型的格子迷宫，营造出真正的室内实景舞台。包括四大主题分区，没有观众席，没有传统舞台。观众从不同的门进入剧场，步行穿过不同形态的主题空间与时空故事。

第十，"布景+""演艺+"等只是手段参考，"庙会大魔方"重要的是在规划夜游系统、设计夜游内容、完善夜游配套的基础之

上，策划独一无二的卖点促进夜间吸引力，提升夜经济发展，调动游客消费情绪，这是"庙会大魔方"最重要、最核心的夜游内容。

夜经济最好的平台

自2017年中共中央办公厅、国务院办公厅印发《关于实施中华传统文化传承发展工程的意见》以来，文旅成为乡村振兴最快的路径之一，其中夜经济成为全面赋能乡村振兴的一种重要手段。刘磊说，"庙会大魔方"是主要针对乡村振兴现状和存在的痛点做的一个爆款产品，主要为了协同城乡资源能够合理化配置。

随着消费进入第四时代，城市换了种叙事方式。对于如何打造新时代城市志，"庙会大魔方"的核心逻辑是，以地方文化为母体，利用建筑语言来营造有趣、好玩、好看、别具一格的新型社交消费空间。

刘磊表示，为了实现这一目标，打造叫好又叫座的文旅商城市志，"庙会大魔方"主要从场景力、内容力和文化力三个维度来实现其唯一性。

场景力：打造超现实的国潮蒙太奇

体验经济时代，打造高颜值的场景是商业空间抢占消费者注意力的关键，也是新时代颜控消费的流量密码。"庙会大魔方"将以相对稀缺的结构为"根"，以新技术应用为"叶"，以地域文化为"魂"，打造超现实的国潮的蒙太奇空间。

同时"庙会大魔方"为了结合乡村振兴与当下商业市场中涌现的复古新潮或市井的主题街区实现差异化，将利用导演主义思维。通过光影技术将物理空间依据运营时段的不同需求切割渲染，形成城市文化多次元呈现空间，激发满足消费者更多的到场体验与社交分享需求。

内容力：跨界混搭，平衡文化情怀和商业化运作

在内容方面，"庙会大魔方"每个城市志项目将选择"四六开"的

布局模式，即以60%的餐饮为基础，配合40%的城市文化街区。将文化、建筑、产品有机融合，达到"载体即内容"，成为顾客产品消费、文化消费、情感消费的强大输出端。

刘磊团队研究发现，餐饮部分主要选取极具社交属性且普适性较强的火锅、烧烤、小龙虾、茶饮、咖啡为标准化出品，以高性价比、高颜值的美食满足消费者的味觉需求。

而城市文化街区，则融合手信、手伴、街头老字号美食、非遗、地理标志产品、文创杂货、演艺秀场等，呈现在地文化的多样性，实现从打卡目的地到消费目的地的切换。

文化力：激活、创新与交流

　　"庙会大魔方"将当地文化的灵魂注入夜生活中，最终以"庙会大魔方"的价值链，多快好省，灵迭潮播（灵活、迭代、潮流、传播）落实到项目中。

　　通过公司成立的元宇宙文旅场景实验室，结合声光电，利用"乡人、乡音、乡事、乡情、乡俗"进行轻戏剧演艺，不仅是历史文化、城市人文元素的再现，更是基于文化的赋能创作升级，使其成为链接城市消费者的情感纽带，更具温度的城市舞台。

　　刘磊表示，"未来，随着'庙会大魔方'在全国布局，文化创作的戏剧作品和文创产品均可以快闪的形式，在各城市'庙会大魔方'间进行交流呈现。如此不仅能够促进地域文化的输出交流，也为各项目及各地消费者带来更多更新的文化体验"。

　　"庙会大魔方"作为以地域文化为核心的非标项目，锦上添花文旅集团可以说是赛道的开拓者。刘磊说，"只有符合游客心智的尖刀产品，产品才能实现品牌的快速发展"。因此，"庙会大魔方"正在标准与非标之间探索出一种独到的优化平衡，从而实现长期主义运营。

第五场

CULTURAL HERITAGE

文化传承板块

非遗植入产业

　　高尔基说："一个民间艺人的逝世，相当于一座小型博物馆的毁灭。"截至2020年12月，中国入选联合国教科文组织非遗名录项目共计42项，是目前世界上拥有世界非物质文化遗产数量最多的国家。在国家级非物质文化遗产方面，共有1372项。

　　随着越来越多的非遗项目走出博物馆，借助新科技，衍生创意设计，从展览品变成消费品，非遗市场化在传承与创新的摇摆、平衡间发展，非遗拉动的是一个千亿元级市场。从输血到造血，非遗保护可持续发展的理念逐渐深入人心，"非遗+"多种跨界融合的新模式不断涌现。

　　为探索非遗产业化发展模式，近年来，锦上添花团队通过跨界、跨域、跨业融合的方式，发起筹划的一项拯救"地方稀缺文化"的"非遗夜市"文旅项目。将地方非遗文化巧妙地融入现代生活与消费环境中，非遗产业化成为一种"夜尚"。

非遗传承在于商业变现

　　早在20世纪中叶，由政府组织对部分非遗进行了调查与研究，使许多濒临消亡的非遗得到抢救。自2001年昆曲被列为世界级非物质文化遗产代表作以来，非遗在国内引起很大的反响，国潮也由此慢慢走进人们生活。

　　许多非遗往往具有很高的审美艺术价值及潜在的经济价值。非遗不仅仅是传统的艺术瑰宝，更是一种具有经济特点、可转化为潜在的资源，既有丰富的文化底蕴，也有商业价值来获得利润，那么实现非遗产业化是必要的也是可能的。

产业化概念是从产业概念发展而来的，所谓产业泛指各种流通制造提供物质产品、流通手段、服务劳动等企业组织。产业是一个经济学的概念，带有鲜明的市场属性。

其中"化"表示转变成某种性质和形态，产业化就是将某个东西完完全全地转变为一个经济产业，按照产业的规则和规律来运作；产业化是一个动态的过程，简单而言就是全面的市场化，主要包括：市场化经济的运作，达到一定的规模程度，与资金有密切的关系，以盈利为目的。

所以，非遗产业化，首先要转变的是思维模式，认识到非遗不仅仅是传统的文化遗产，而是转化为资源，进行买卖。

在产业化的转变中，需要将过往非遗的私相授受、零散学习的民间技艺形式变成一个完完全全按照市场规律运作的经济形式，进行规格统一、资源整合、产生利润的过程。

旅游开发也是当前发展非遗潜在经济价值的主要形式之一，往往很多的民俗文化艺术，是可以深深打动人类的心灵、触动人类的感情，也蕴藏着巨大的商机。

山东东夷小镇是锦上添花文旅集团在2018年通过将地方非遗产业化的一项成功案例。

锦上添花刚接手东夷小镇改造项目的时候，面临一个棘手问

题：调研发现，曾经东夷小镇的定位是在一个小岛上面，距市区大概30分钟，可它当时想主打民宿，建筑风格有点儿象无锡的拈花湾。

虽然看起来房子建得挺漂亮，但在锦上添花团队做市场调研后发现，民宿空了好几年，中间也来了很多专家、策划者，很多人也没有把它做起来，所以不应该第一步就搞这么多民宿。

当甲方找到锦上添花，其实也是比较无奈，因为当时也找不到其他愿意去落地的人了，所以整个锦上添花团队用了两个多月的时间，一边选商一边设计。

当时锦上添花对整个设计思路进行颠覆性转变。规划思维、盖房子思维在文旅中是很大的绊脚石。通常人们把大量金钱用来盖一些漂亮的房子，漂亮的民宿，而在招商、选商上却花费很少一部分金钱。

锦上添花当时把民宿外面的花园全部拆掉，我们打造餐饮街经济不能有规划思维，而是要露脸做人气商业。四个多月的时间将中间一条街全部拆出来，用牛毛毡、石头、小贝壳、水泥和旧木头盖了89个小棚子，小棚子里面做各种业态餐饮。

东夷小镇用特色的民俗街道以及古朴的仿古建筑给游客带来一种前所未有的新鲜感，一切都返璞归真，在这里可以吃到各种手工美食，远离城市喧嚣，游客可以全身心投入小镇的美食与街景中。

为解决产业融合问题，设计团队把东夷民俗非遗巧妙地植入进来，东夷古风、明清街区、民国风貌，以仿古的姿态记录着小岛过去与未来的轨迹，集中打造"赏美景、看非遗、品美食、逛酒吧、宿古城"的综合性休闲度假地。

小镇的非遗文化有博物馆、雕塑、文创、黑陶、茶艺、戏曲表演、美食小吃等板块，游客在休闲漫步中，可以"赏非遗、品非遗、玩非遗、学非遗、买非遗"，尽享非遗文化的无穷乐趣。

小镇点缀分布着一些艺术雕塑，让进入这里的旅人在享受美味的同时，也分享了一顿文化大餐，如日照非遗坊旁跟小女孩玩拨浪鼓的民间艺人、一手摇爆米花机一手拉风箱正在炸爆米花的村人和正捂着耳朵等爆炸声的小孩；六一书院旁脚踩乌龟、肩扛器具、手拿毛笔的魁星像；抗战纪念馆东边的右手拿理发刀、左手在平展头发的理发匠；岚山豆腐东边的磨豆沫的村妇；微澜酒家

旁戴皮帽的端酒跑堂和坐在桌边伸手要酒的饮酒客；女娲街上的下象棋女娃；一根面店铺北边拉客的人力车夫；汲福桥头的粮仓及挑筐妇女、吉祥大铜锣等雕塑，神态各异，惟妙惟肖，吸引游客驻足欣赏。

　　还有明清时代的石磨、石槽、石盆、石桶、石元宝、石药臼、石水井、石水车、石狮、石青蛙、石龟、人力拉客车、进士花轿、古代官床、古代日晷等古老文物，仿佛穿越时光的隧道，游人在此找寻乡愁的踪迹，都是一代人的共同记忆。

　　东夷小镇餐饮街由锦上添花餐饮设计公司设计，将传统东夷非遗文化与现代旅游相融合，集"食、住、游、购、娱"于一体，拉长了全市旅游产业链条，小镇在2018年"五一"假期3天内共接待游客近15万人次。

非遗+文旅的利用发展模式

虽然国家与社会各界对非遗越来越重视，但被动的保护很难阻挡其他强势文化的冲击。因此，那些经济潜力价值较好的，市场化可能性较高的非遗项目，应当走自我图强，自我发展的产业化道路。

当前社会的各种强势文化正是通过市场的途径得以全球化，如何让无形的非遗产业化，变成有形产业，并用有形产业来推动文化在全球传播与发展，是当前非遗文化的难点所在，也是希望所在。

对于非遗来说，使用是最好的保护，消费是最好的传承，产业化是非遗的必经之路。刘磊在"不夜城"形式基础上，总结出"非遗+夜文旅"五类利用发展模式。

（1）弘扬传统文化。民族传统节日作为非物质文化的重要组成部分，其蕴含着古人的智慧经验，承载着古人的情感寄托。开展民俗文化活动，可以让更多的年轻人了解传统文化，推动传统文化的传播与发展，提升民族自信心。

（2）活化非遗，丰富旅游项目。不同的非物质文化遗产资源，

其价值存在较大差异，因此，必须要"因地制宜"，结合实际情况，开发旅游新形态。如大宋不夜城，以大宋文化为主线，打造的历史文化街区，随处可见的宋词名句、优雅仕女、古装服饰让人瞬间梦回大宋。

（3）民俗活化，为旅游产品赋能。首先，要尊重当地人民的民俗习惯，将传统节日以及举行方式等融入旅游产品当中，可以举办民俗文化节，但是不能歪曲事实。

（4）发挥传统手工艺品价值。许多传统手工艺制品具有极高的价值，可以生产为旅游艺术品，这也是凸显和传播当地文化的重要手段。

（5）深究文化内涵，打造精品旅游。在保护非遗物质文化的基础上，将其贯穿于整个旅游过程，打造旅游精品，保存非遗建筑的真实性与完整性。

非遗文旅化三原则

一直以来，非遗都不是孤立存在的，而是与社会的方方面面紧密相连。在文化不断传承的过程中，非遗逐渐形成了一种以经济效益为驱动的再生产形式，不断实现从静态到动态、从继承到创新的转变。非遗产业化的发展模式，也成为推动城市持续稳步发展的重要引擎。

在锦上添花持续拓展地方非遗产业化，实现非遗的可持续化过程中，提出非遗文旅化方面建设的三个原则。

保护"有形"、重视"无形"非遗资源

历史文化街区、传统文化习俗、民俗风情、传统手工工艺等都属于文化遗产的重要组成部分。因此，在开发和创新旅游产品过程中，保护好非遗物质文化，重视多样化非遗资源价值，展示具有地方特色的传统手工艺、还可以邀请非遗传承人表演。

比如"南宁之夜"作为非遗物质文化传承的前驱者，特地安排了各种非遗表演，如山歌对唱、喷火表演、杂技表演、非遗美食等，让游客大开眼界。

推动非遗文化的旅游商品开发

夜经济消费作为旅游的重要组成部分，两者相辅相成，旅游购物氛围更加浓厚，且具有纪念性意义。如"南宁之夜"有很多少数民族特色商品、非遗手工艺品，这些商品极具特色，深受游客们的欢迎，更是文化输出的重要方式之一。

虚拟+现实的大型演出活化"经典"

打造大型实景舞台剧不仅有自然山水背景，同时融入了传统文化元素，通过现代科技生动形象地呈现出来。这样的模式可以生动

再现国粹经典，木兰不夜城打造的大型实景演出《梦回北魏》，生动刻画和演绎了古代文化与场景，十分震撼。

作为中国不同城市记忆的文化历史载体，非遗在保护与传承之间，既要留住文化之魂，又要顺应时代需求。这也要求传统与市场对接，挖掘文化与现代生活的深层沟通渠道，赋予传统文化新的时代元素，用年轻时尚的表达方式讲好中国千年故事。

215

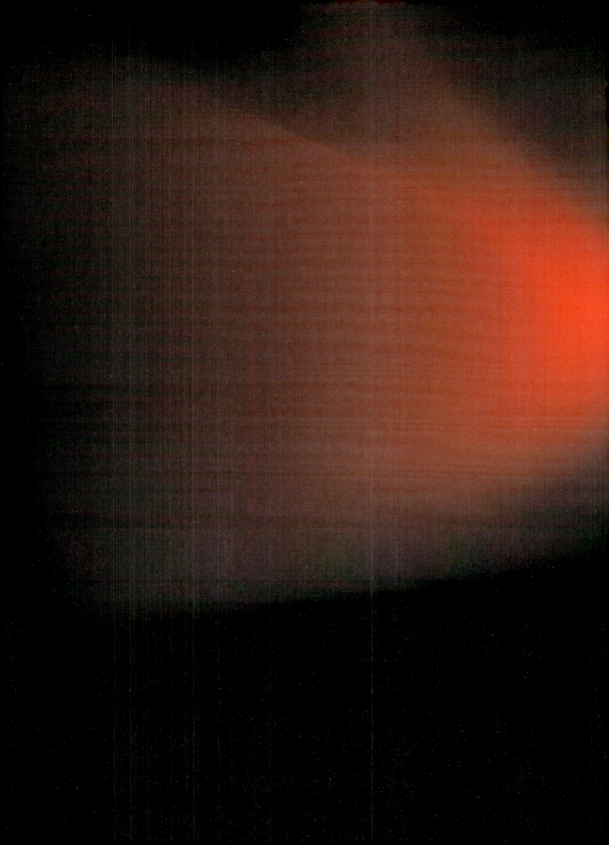

夜未来

第四幕 ACT4

NIGHT FUTURE

中国夜经济的发展成效是建立在"传统夜市"和"国际先进趋势"基础上的新的经济形式，来源于众多学者、企业家、管理机构的创作和实践的总结，它的发展与变革，在传统与现代、全球与本土、国际与民族的时代秩序中交织，呈现多元、个性的特征。

本场我们试图结集社会各界专家学者对刘磊及其"轻资产不夜城"的多方评论，重新审视轻资产不夜城的相关媒介、技术与新观念，用新视角发现轻资产不夜城与文旅商地链接的多样性和相关可能性，或许这将成为中国夜经济的未来发展方向。

第一场

WHAT IS THE NAKED CITY
什么是不夜城

中国建筑文化研究会文化旅游研究院研究员 孙震

　　不夜城是重资产投资下的不可复制的一种模式；在逛完东北不夜城之后，评价为就是个"灯光+场景-演艺+小吃"。以至于很多旅游决策者去考察完之后，以为点亮几盏灯，搞几个小场景演艺，再招几个商户，不夜城就复制落地成功了，至于运营和游客量，他们认为不是大问题，只要干过旅游项目的都会。

　　不夜城看起来很简单吗？明摆着，就是一条街而已，那还能有啥。其实，不夜城真的这么简单吗？从2019年大唐不夜城迅速蹿火开始，我就开始关注并研究不夜城。随着研究的不断深入，我发现不夜城，真的不简单，或者说，新文旅的产品逻辑、市场逻辑，还有策划、建设、运营等各个环节，对于传统的旅游业都有着非常大的差别。

　　前不久，我又去最新开的青岛"明月·山海间"不夜城进行了考察，美轮美奂的场景，川流不息的客流量，火爆程度超出我的想象，并且又

219

一次彻底颠覆了我对市场上前期存在的不夜城的理解，青岛"明月·山海间"不夜城太震撼了。相对于其他不夜城，青岛不夜城实现了几大升级创新：从场景化升级到场景主题化、从一维平面升级到立体多维化、从产品市场化到产品人性化、从流量为王到流量加盈利转化、从单一街区到文旅综合项目升级化。不夜城正在以一种全新的姿态出现在世人面前。

锦上添花文旅集团领衔设计的不夜城系列产品，掌握了流量密码，从场景化到沉浸式，从产品形态到人性弱点，他们的项目都get到人的嗨点。随手一拍就是流量，例如在"明月·山海间"，一进门，在一个高达十多米的透明鱼缸里，翩翩起舞的美女扮演的美人鱼表演吸引来的游客挤成一层层人墙。我在这个地方拍的作品，通过视频号发布，播放量最高的单个作品达到100多万次，刷新了我原来视频号作品的播放纪录。能不能掌握流量密码，这个需要我们文旅人好好研究。

近几年，一直在研究不夜城这个文旅新物种，越研究越发现：不夜城，真的没您看到的和想得那么简单！我们需要重新来认识一下不夜城这个文旅新物种。

一、不夜城，不是特定的某个项目，是一类项目的代名词

不夜城，是一种文旅产品的统称，不能作为某个项目的特有称谓。有些项目做得比较好，只能是不夜城某个特征的一种，并不能拿一个项目来代表所有的不夜城。

我把近几年市面上常见的打着不夜城旗号的产品分为六种。

（1）以大唐不夜城为代表的旅游目的地城市的特定街区。借助特定的历史文化和城市旅游资源，较大的资金投入和城市配套以及城市所在地强大的人员储备，将街区进行亮化和文化活化。因为城市旅游资源和文化具备较大的差异性，所以此类不夜城具有一定的不可复制性。此类不夜城的投资额度基本在几十亿元以上，而年流量通常在几千万甚至上亿人次，带来的整体社会效益比较明显，特别是对旅游目的地城市的拉动效果比较好。

（2）以东北不夜城为代表的轻资产创意类街区。主要是通过创意来实现"一街兴一城"的效果，至于项目所在地有没有旅游资源不重要，有没有配套基础也不太重要，主要是通过主题创意和运营，通过市场化的产品打造来吸引游客。此

类不夜城对项目所在地的文化和游客储备量，甚至交通、旅游资源、区位等要求都不高。投资额度在一两亿元，年游客量通常在几百万到上千万人次的规模，对当地打造地方名片，快速出圈，以及服务民生，拉动当地社会效益，具备很明显的优势。

（3）模仿东北不夜城等网红街区，但是缺乏运营能力的一批"贴牌"不夜城。主要是模仿市场上走红的街区场景打造模式，采用低成本复制外观的模式，自己进行招商和运营，利用项目的新鲜度和不夜城的热度来吸引游客。此类不夜城，玩的就是一个模仿，利用的就是当地游客的一个新鲜感。此类项目虽然具备了网红不夜城的外表，由于缺乏运营，往往火不了几个月便草草收场。目前，这类项目在全国各地也出现过不少。

（4）打着不夜城的名义，实际是干的是主题美食街区。随着夜经济逐渐成为主流的消费形式，那些美食街区也跟随着市场发生了改变，在原有街区的基础上进行了亮化。部分比较有实力的街区，也同步把部分店面进行了主题化或者场景化的简单装修，然后起名"×××不夜城"。其实街还是那个街，路还是那个路，商户还是原来的商户，无非是亮化、简单场景化后的半新缸装的原来的酒而已。不过，这类项目原来就具备一定的市场消费基础，在进行改造升级后，对市场的拉动效果比较明显，可以说是目前具备较强市场生命力的一类不夜城。

（5）以不夜城名义进行活动策划，蹭流量的各类旅游项目。目前，很多旅游景区或者文旅项目在建设的时候，部分建筑主题都是按照唐风宋韵的风格来建设，并且配备了相应的亮化设施，在国潮风流行的当下，具备较好的场景提升基础。在此基础上，进行一些微场景的改造和演艺植入，再临时招商一条美食街，就跟大唐不夜城有几分神似。伴随而来的就是蜂拥而至的人流量，如果采用收门票的模式，将会是一个很大的商机。所以，一部分以活动策划为盈利方式的公司就从中看到了商机，采取与这些景区或者文旅项目采用合作分成的模式，按照节庆活动的方式，快速进行场景布置，并进行市场宣传，低成本、图热闹、快回收是这类活动的核心。在一些区域，这类活动也取得了较为不错的效果，活动搞得好的，一场活动下来挣上百万元；搞得不好的，顶多也就是赔个人工。然而，由于活动是个短期行为，所以在布场效果和运营、服务上都存在不足和短板，所以这类活动也饱受市场诟病。活动效果怎么样，就看项目主办方的实力，差异很大。

（6）说到第六种，感觉有点儿好笑，就是起了个名字，实际就是把原来的商业街或者是商超上挂了个牌子"×××不夜城"。有些顶多设计几个小场景，然后加几个不伦不类的小演艺而已，有些干脆什么也没有，就是几个宣传牌子和宣传画而已，其实跟不夜城一点关系都没有，纯粹是为了蹭点"流行风"流量而已，让当地游客以为项目进行了升级改造。

二、如今市面上常见的网红不夜城，其实是原有主题街区的一种升级，是一种文、旅、商、地等多种元素叠加的新文旅业态

我们目前看不夜城，能看到的大部分是在街区内设置灯光、演艺、场景和各类小吃，其实这些元素只是冰山的一角。不夜城不是简单的"产品+场景+演艺"的叠加，冰山下面需要有庞大的支撑，概括来说，网红文旅街区类不夜城是由五大构成要素，呈现六大特点，需要八个环节紧密配合。

1.文旅街区类网红不夜城构成五要素

（1）美食民以食为天，美食的打造是街区的重要组成部分。如何将城市原有的特色美食集群化，这就需要在前期招商过程中细心甄选，将美食打造成为街区的

聚焦点。

（2）娱乐项目要常变常新，保证游客能留下来，制造"留量"的机会。儿童喜欢什么？Z世代新兴消费者喜欢什么，要让娱乐布局在街区的每一处，运营者时刻把控流量，喜欢的留下，不喜欢的及时置换。东北不夜城500米的大马路成为东北地标性景点，留住了游客，娱乐功不可没。

（3）文化注入可以说是重中之重，在地性文化发掘，激发城市内在动力。东北不夜城打造"回家文化"，灯笼姑娘、梅河招婿、海龙湖文化等，都是将本地人的潜意识文化激发出来，从内在激活文化。金杯银杯不如好的口碑，由内而外产生激活，最终打造出爆品业态。

（4）配套要让游客留下来，一定游客想看、想拍、想留，具有"特色美"才能在同质化的如雨后春笋般的网红打卡地中，拥有更持久的生命力。同时也要挖掘当地最有特色的文化点进行IP开发，打造具有引爆效应的文旅IP。

（5）在演艺方面，已经不是人海战术和大型山水演艺。从西安不倒翁小姐姐的爆火已经昭示着演艺进入了"一人兴一城"的模式。让游客变演员，有更多的参与感，所以一人兴一城的一个时代，在战术方面一定要做到下沉市场，一人兴一城，游客等于演员。第一代演艺，游客是观众，第二代演艺游客是顾客，那么第三代演艺，游客就是我们的演员，游客和我们共同参与其中。

2.文旅街区类网红不夜城具备的六个特点

（1）街区就是景区

首先，将街区景区化。根据街区的项目定位和场景策划，塑造出符合项目的主题IP故事，将IP的故事与自身的特色文化充分融合，形成项目地特有的文化符号。把文化符号始终贯穿在街区的空间设计、灯光设计、游乐设施、花车商铺、艺术布景、微演艺等里面。

其次，对街区进行统一规划、统一招商、统一运营、统一推广、统一物管、统一服务监督。按照旅游景区的服务标准提供标准化服务和规范化管理，例如环境卫生、公共安全、交通组织、设备维护等。并且设置公共艺术景观、休息座椅、游客服务中心、停车场、路灯、垃圾桶、卫生间、导向标志以及多媒体信息智能化服务等，为游逛街区的游客提供安全、卫生及便利的消费场所。

夜经济新模式

轻资产不夜城点亮文商旅地

街区就是景区，有利于主题街区的标准化、规范化的健康发展，也有利于当地政府对街区的扶持引导，并且成为拉动当地旅游经济收入的重要引擎和城市名片。

（2）商铺就是景点

在街区的统一规划设计中，应遵循"一铺一景""一店一味"的原则，打破传统商业街区商铺的统一式店招、门头、字体、颜色等千篇一律的模式化形象，突出个性多样和灵活多变的特点。

同时，明确商铺的经营业态、产品特色、地域属性、文化背景等要素，将这些要素融入对商铺的店面店招、桌椅碗碟、服饰道具的设计中去。让游客看到这些特色商铺就产生美丽的视觉冲击，不由自主地拍照打卡，极大提升了街区的文化体验感。

（3）商户就是演员

在沉浸式主题街区中，文化表演是十分重要的场景内容，除了那些行为艺术表演的职业演员外，还有就是商铺的经营者。

他们能根据所经营产品的文化背景及店铺风格，或装扮成陕西的当地人售卖肉夹馍，或装扮成民国时期的青年人设计文创产品，或装扮成傣族美丽的小卜少在制作泡鲁达饮料……这些商铺经营者的服饰穿着或民族，或文艺，或国潮，或古代，或流行，自然而然地就构成了街区的一道亮丽风景。

（4）服务就是表演

商户不仅是街区商业形态的重要组成部分，同时还是街区的另外一群特殊"演员"，他们提供产品服务的过程就是另一种的特色表演。

特别是街区中的小吃餐饮商户，他们通过抖音视频的传播分享，吸粉无数，成为网红。他们在现场向游客展演了烹制食物的过程，其中制作的手法或夸张或娴熟，食物或诱惑或美味，叫卖声或高亢或悠扬，过程或惊险或趣味……这样"烟火气"的表演为游客带来了美妙的味觉和视觉的感官享受。

（5）产品就是场景

在设计街区产品的时候，需要充分考虑游客的体验和消费场景的内容。例如长安十二时辰的产品打造就是"热门剧集IP+沉浸式娱乐+主题餐饮+国潮零售"，以"唐食嗨吃、换装推本、唐风雅集、微缩长安、情景演艺、文化盛宴"六大沉浸场景为核心，进而让游客产生对西安这座城市的兴趣。从文化精神层面去沉浸，将灯光、舞美、现代科技与历史文化交融渗透打造长安文化"超级IP"。东北不夜城则是以精致国潮文化为主线，汇集古风古韵、关东风情、现代文化、互动美陈、智能夜游、衍生文创、景观打卡等诸多元素，打造具有鲜明地域特色和古风文化氛围的体验场景。

产品就是场景，只有锋利的场景才能穿透游客的心智，只有把场景设计好，街区的产品才能精彩，无场景不消费。

（6）消费就是生活

特色街区的商业业态涵盖面广，商品形态丰富多样，目标客群年龄广泛，包括特色美食、小吃饮料、行为艺术、微演艺、文创商品、非遗技艺、酒店民宿、电影院、图书馆、酒吧、咖啡吧、文化演出、乡村特产等，涉及了普通百姓的吃、喝、购、游、乐、娱、住等多方面的生活和消费需求。

做特色街区没有固定的公式，游客需要的就是我们需要做的，紧紧围绕游客的消费需求，实现街区的完美融合，是打造主题街区并实现引爆的核心。

3.文旅街区类网红不夜城成功的八个环节

打造一个网红街区不夜城，复制能够看得到的东西容易，但是决定文旅街区生命力的恰恰不是以上能够看得到的东西决定的，而是以下看不到的八个方面。这八个方面，每个方面都很重要，每个环节都有各自不同的作用，八个环节的完美衔接与配合，才是一整套较为完整的不夜城街区打造模式，可以说是缺一不可。

（1）运营前置

运营是一门跨领域、跨学科，需要了解不同知识面的艺术。好的运营需要对产品每

个维度运筹帷幄，并且综合能力要求很高。文旅项目要想成功，要体现文旅的价值，必须是运营前置。必须以"O"（运营）单立作为总统筹，将项目可持续发展的甲方立场作为操盘判断标准和依据，向全体供应商单位提出工作要求和执行标准，并在项目全周期中一直担任业主方最专业、贴心的"项目制片人"角色。

其实，所谓运营前置就是以终为始，把终点变成始点。开业即是决战，是以小博大，以最低的投入获得最高的产出，跟战略相关、以结果为战略标准和战略导向，以运营为前置条件的各项准备工作的策划和落地实施过程，是一套完整的逻辑、策划、实施体系。

运营前置从来都不是搞水电，不是搞各种建筑风格，也不是去搞各种造势品牌节庆活动，更不是花钱去做新媒体、各类广告等。它是战略，它是产品与模式的设计，根据痛点来设定商业模式，痛点就是客户的需求。首先，要寻找真正的客户需求；其次，要检验痛点是否真实；再次，在解决一个痛点时，能不能创造别的痛点；最后，一定要找痛点足够大的市场。它是立足于游客心智，从游客心理，从五感、六觉，以及充分调研市场，了解游客的为什么来，谁会来，和谁来这三个问题，并充分考虑项目的盈利模式和商业发展前景。

项目运营方需要丰富的实战经验，具有商业、营销、演艺、推广全体系的操

227

盘能力，及强大的资源支撑。文旅运营不能是多个团队的拼盘，一定是多要素为一体的整体打造。具有运营思维的策划，意味着在项目没有进入实施的阶段，就要将项目整个动态过程和多要素纳入考虑范围内。让运营团队提前介入策划过程中，让他们来协助优化丰富产品的内容和建设要点。必要时还要针对运营团队的产品和诉求，反过来调整产品定位及功能。

真正的运营前置，是运营单位基于文旅项目所应对的各项内容所做出的精算数据和制作标准，是帮助资方精准厘清需求与目标，进行精准的分期启动策略、资金安排、建设体量与产品布局等一系列的决策安排。从而让资方每一步的决策都能做到胸有成竹、有的放矢。

（2）场景至上与导演主义

这几年全国有三个火爆的网红城市。第一个西安，无论是大唐不夜城，还是长安十二时辰，乃至长恨歌等，这些产品做的是场景。尤其是长安十二时辰，把场景化和沉浸式做到了较高的水平。第二个长沙，长沙也是一个历史文化名城，但是对于长沙，感觉完全是一个娱乐的城市、欢乐的城市。长沙文和友就是一个很特殊的现象，这种烟火气，这种市民气、市井气，完全跟历史搭不起来。它的产品到底是什么？也是场景。第三个是淄博，淄博烧烤的出圈，培育的也是一种生活气息的场景。乃至最近的贵州，村BA、村超，这些只是比赛吗？不是，也是场景。所以，场景化的时代已经来临。

不夜城的打造上坚持的是"导演主义和场景至上"，一步一景，一店一景。从文旅商业来说，场景的造物能力催生流量池。场景是城市的新语言，网红是城市的C语言，这两个语言重新定义了不夜城所在城市的人格魅力，让这座城市更加年轻，只有吸引了年轻人这座城市才是有活力的。场景具备可拍照诉求已经是文旅游产业中不可缺少或者说是一个标配。没有场景池就没有流量池，场景才是文旅的眼睛，也是文旅的神经。

文化是旅游的灵魂，旅游是文化的载体。比如锦上添花文旅集团在新疆"天山明月夜"不夜城中以海纳百川的汉唐气象为背景，围绕在地文化，从新疆神话故事中进行文化提炼，塑造出多个行为演艺，从而丰富街区文化，进行主题赋能。以花轿为原型，结合胡旋舞的"燕雀向贺"还原出了盛唐繁华热闹的景象；

舞姿曼妙、节奏明快的"手鼓舞"诠释出了乌鲁木齐的美丽风情；胡舞与汉唐文化结合的"胡姬酒肆"串起一段荡气回肠的峥嵘岁月。

（3）招商变选商

如果一个项目只是为销售而销售，为招商而招商的话，就形成了招商和运营之间没有关联。项目开业后招商团队就撤离，开发商的运营团队缺乏充分的运营规划，会使项目后期面临多次投入成本的调整规划，出现招商难，运营难的循环困境。资源不是产品，产品需要立足市场、融入创意、量身定制。大投资未必有大收益，内容和特色才是第一位的，商业项目必须从市场运营角度倒挂产品。资源是次要的，精准定位市场和产品才是最重要的，那些建立在市场消费基础上的特质化产品才是吸引消费者的核心要素。

招商人员在开始招商的时候不免会到处撒网捕鱼，地毯式轰炸，这种方式会有一定效果，但离项目真正需要的客户相去甚远。一个适合的客户必须具备三个条件：有强烈的投资需求，或经营需求；有一定的资金实力；还必须有对资金的一种控制能力。餐饮美食文化街区的商户招选商过程中，要懂得街区的定位和运营模式，才能招到适合街区生存发展的商户。例如，街区运营应同时具备地产价值实现的开发商思维、商业美学价值实现的设计师思维、市场攻击力的招商思维，互利共赢才能和谐持续前进。街区应以消费者需求为经，以商户生存为纬，实现创业者、原住民、参与者、游客、政府利益指向的同一。

在选商方面，也要从不同的角度出发。

首先，从特色产品，即包括特色食材、特色技艺、特色味觉、特色品食方式；从餐饮文化，即成熟的餐饮产品除了色香味以外，一定有一个文化故事，这个文化故事反映了区域的社会心理和民俗习惯；从品牌格局，即品牌的力量和维度，利用好餐饮文化街区的平台，增强自身能量，营造传播力量；还有商户的成长技术、盈利技术、扩张技术等方面综合研判考量。

其次，在前期的大范围大区域的市场调研基础数据上，要从以下条件进行首选产品、次选产品的商户预选。例如：符合中华老字号和非遗项目，符合地区代表性项目，符合传统制作技艺，符合地理性食材，符合口味及营养指标，符合不同季节和经营时段特征，符合项目食品成本标准，符合不同消费年龄层特征等。

最后，从预选产品食材对比，预选产品烹饪技法对比。比如膨化、涮、煎、烤、炸、腌、炒、煮、烘焙、卤、凉拌等，对比得出选商落位的依据：现场加工复杂程度、消费人群年龄特征、原材料来源渠道、内循环融

合度、原材料产地、烹饪方式、消费目的、出品温度演方式、加工时间、产品特性、物质形态、消费目的、商品分量、价格、味型、地域、网销、翻台率、坪效、总投资、开店成本、利润等。

所以，要求招商人员需要奂位自己就是一个经营者、一个投资者，懂餐饮运营，并且站到客户的角度思考问题。这样才能准确把握客户的心理诉求，知道客户的难点和痛点，有的放矢地为客户制订解决方案和办法，把客户视为合作伙伴，共同进退，这样才能赢得客户的信任。

（4）演艺与当地文化结合

当地文化是当地千百年形戌的根植于人民骨子里的文化认可和思维习惯。所以，要想得到当地市场的认可，就必须要重视与当地文化的有效结合。通过"过目难忘的形象+有趣的灵魂"是通过演艺打造文旅目的地IP的先决条件。

"过目难忘的形象"指的是外形要充分跟目的地的文旅资源相辅相成，聚焦在地性文化的特色元素符号，打造高辨识度形象特征。"有趣的灵魂'指的是IP赋予其内涵丰满的立体化形象，创造出一个有人设的关联，让游客和这个IP有互动，产生情愫和亲切感。立足东北吉林梅河口的东北不夜城、面向全国，以精致国潮文化为主线，汇集古风古韵、关东风情、现代文化、互动美陈、智能夜游、衍生文创、景观打卡等诸多元素。东北不夜城整条街夜色绚丽，娱乐元素和休闲元素赋能。这里有银鞍照白马的汉服儒生、新颖和创意的互动美陈，更有Z世代的科技感满满的元宇宙，这样一个特别的街区成为打卡的网红之街。走进新疆的"天山明月夜"不夜城，沉浸在古韵古色的灯光中，欣赏精彩绝伦的国风演艺，感受琴瑟仙女的召唤，一睹簪花仕女的舞姿，有种光影交错、梦回千年的感受。若笔书生、唐宫乐伎、尺壁寸阴、鸣声望月等演艺此起彼伏，引得无数游客前来围观。各民族在"汉唐风情+魅力乌鲁木齐"的沉浸式文旅街区共聚一堂，其乐融融，一幅民族大团结的热闹画面尽显盛世风度。做下沉市场要注入当地文化IP属性，让当地人有文化认同感，从而从内部产生裂变效应，最终实现文化动能，自内而外的扩散。从而让当地人主动为自己家乡打广告，不夜城自然而然成为地标性文旅街区。

（5）活动策划与市场热点结合

不断创新迭代是夜游项目保持长久的重要法则，这点在行为演艺上体现得淋漓尽致。

在东北不夜城，"造节"是一种玩法。于是，夏季推出傣族泼水节，这是一个颇有南方气质的节日，和当地的东北风情造成了强烈的反差，互动体验性强，受到游客欢迎。东北不夜城达到了"周周有活动、月月有节过"，游客来到这里可以嗨起来。市面上什么火，街区就迅速引入，受到众人喜欢维密秀、变形金刚动漫元素等，凡是市面上热点的元素，都能够在这里迅速找到。

南宁不夜城开业22天，游客量就达到了200万人次，其中很重要的一个因素就是活动策划在不断更新升级。除了每天都会上演的常规演出，南宁之夜还会在不同的时段推出更多新活动。让多元与惊喜变成一种常态，让游客每一次来都会有不一样的体验。很多游客表示，对于这样一个好吃、好逛、好玩，演出还不重样的地方，完全可以"二刷""三刷"。街区商铺每日忙得热火朝天，不少商铺对今后的经营充满了信心。

街区是死的，但是里面的内容却是可以迅速进行更换的。只有快速地更新内容，才能保障当地人的重游率，才能保证市场的热度。作为一个文旅项目而言，每年植入的主题活动一定是有限的，而营销注重的是多变性，新鲜度，做一次成功的活动，需要把与活动相关各个环节的链条全部打通，这对国内绝大多数文旅项目而言是不可能完成的任务。所以，能否根据市场热点，进行快速更新内容，也是街区成功的另外一个因素。特别是能否把所有的资源和链条打通，决定了活动策划的热度和效果。

（6）产品要素设计注重IP化

在大唐不夜城和东北不夜城可以发现一个明显的现象，项目采用着重运用新网红主义打造项目的专属IP，

233

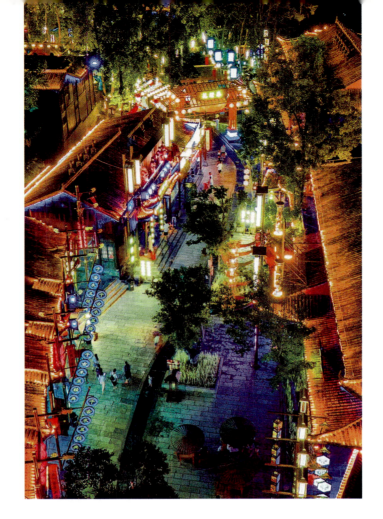

仅仅一个不倒翁小姐姐的传播量达到了惊人的25.8亿次，相当于几乎整个城市的自媒体的传播量，所以说一个网红个人，可以带火一个项目，打造出一个完美的团队。

东北不夜城做了19个特色IP，这种IP的赋能非常强，创造了营销的抓手，东北不夜城最终用这19个老百姓喜闻乐见、新奇优美的IP创造了300万的客流量。在移动互联网时代，大型演艺、大型的活动很难引起消费者的关注和注意力，干脆就用一个人代表一个团队的思路去解决这些问题，而且成本低见效奇好。

任何事情做到极致，都是专业技能加持下的人情世故。东北不夜背后也有专业而靠谱的抖音运营团队、视频拍摄团队、达人组织机构，国内一线摄影师、旅游达人，专做H5复杂交互的网络公司，还有Dou+投流的专家、专业的舞蹈团队、国内一线艺人的公司等。

位于南宁市良庆区宋窑路的"南宁之夜"项目是广西首个集娱乐、演出、美食、购物以及沉浸式体验于一体的文旅步行街，通过展示广西的民族文化、城市文化和自然山水，创新呈现集演艺、美食、娱乐、科技、文化等于一体的壮乡文化沉浸式商匯场景。

步入街区，10组大型娱乐设施、16个行为艺术舞台、100多处"网红打卡点"……一步一景，建筑雕梁绣栏、精致恢宏，盛唐复古风中又巧妙融合了广西壮乡民族特色。这里还设置有150余家街区商铺，汇聚了中国及东盟国家的特色美食，令食客大快朵颐。快闪舞、山歌对唱、舞狮表演、无人机秀、泡泡篝火节……精彩的迎新活动轮番登场。民众一边欣赏节目，一边夜游狂欢，体验着传统与现代交织的玩趣之旅。

专业的互联网传播推手，以及从游客到景区工作人员，到网红达人这些强大的资源整合运用能力，使项目得以在互联网上迅速爆火的另一个关键因素。

（7）产品升级迭代快

无论是旅游业还是什么行业，产品一定是打动消费者最重要的因素。而产品只有不断地根据市场潮流、根据消费者的需要或者是紧跟政策导向进行不断的升级，才是保障旅游项目市场活力的关键因素之一。

因时而变、因势而变、因需而变是文旅项目永葆活力的前提。只有不断适应主流消费人群的变迁、不断适应科学技术环境的变迁、不断适应国家战略政策的变迁，旅游景区才能不断获得适应性、包容性的发展。只有抓住主体客群、聚焦主题产品、坚持创新引领、加快迭代发展，旅游景区才能在旅游供给与旅游需求动态适配过程中达到更高水平的平衡，在日益激烈的竞争中立于不败之地。

追求个性、重视体验消费的Z世代群体走向主流，这对升级传统文旅业态、创新产品和服务方式、推动产业朝向创新驱动转变提出了更高要求，将推动大众市场的文旅消费需求逐渐从低层次朝着高品质和多样

235

化方向转变。

　　产品的升级主要是围绕着市场的热度来进行的。近年来，随着文化自信力的不断提高，国潮化越来越常见，并且广泛出现在影视、综艺、文创、漫画等诸多领域，一度成为搜索热词。年青一代对于国潮的兴起也非常认同，国风经典和潮流的融合也是目前文旅产业的重要元素。文化旅游让国潮风火出圈，成为新的流行风向标，在历史遗迹、城市街区、文化展馆等地方都能够看到国潮元素，并且带火了文创与餐饮产品。国潮自带中国文化底蕴，通过多样化的资源赋能，延伸了其内涵，提高了其商业价值，并且推动了文旅行业的创新与融合发展。

　　2021年开街即火的东北不夜城在爆火之后并没有停止升级的步伐。2022年，东北不夜城于3月9日启动提升工程，秉承"常变常新"原则，设施更新率达60%，持续释放不夜城IP城市旅游"发动机"功能。在原有基础上，升级并新增追梦梅河、海龙宝藏、梅河风驰、长白女将、梅河翩舞等10组行为艺术演艺，替换美陈打卡地10余个。

　　在天山山脉中段北麓的乌鲁木齐水磨沟区，新疆首个宏大展现丝路风情的汉唐文化主题街区——"天山明月夜"不夜城呈现出一片载歌载舞、民族融合的盛世气象。

　　2023年6月22日，端午佳节，"天山明月夜"不夜城迎来了盛大开业，当日客流达4.9万人次，日营业额达106万元。同日，中央电视台新闻频道报道了"天山明月夜"不夜城端午的盛况。自此，"天山明月夜"不夜城一夜爆火，成为乌鲁木齐新晋的宝藏打卡地。

　　2023年7月初，"天山明月夜"不夜城在高德指南"热门景点"和"七月去哪"榜单中，位居TOP1。乌鲁木齐本地人感叹道：连过年都没这样热闹。

汉唐风格的建筑设计、绚丽璀璨的灯光、丰富多彩的表演、琳琅满目的美食等，无不受到游客们的一致好评。央视等重量级媒体也多次报道"天山明月夜"不夜城的璀璨盛况。每天，未到天黑，"天山明月夜"不夜城就开启了"人从众"模式，夜晚，华灯初上，"天山明月夜"不夜城跟过节一样热闹。各种表演此起彼伏，令游客流连忘返，沉醉其中！

7月19日，"天山明月夜"不夜城再次传来喜报，自6月22日—7月19日，"天山明月夜"不夜城客流已累计突破100万！而这些现象的成功，就是不夜城产品不断升级迭代的结果。

（8）政府英明决策和各级保障完善

每个火爆的不夜城，从项目选择到设计、施工、运营等各个环节，背后考量的更多的是当地政府的担当和管理协调能力。特别是在特殊的节假日期间，不夜城常常要面临几万，甚至是十几万的客流，而街区只有几百米或者占地几十亩，这么多的客流涌进来，仅是一个安保工作就需要耗费大量的人力和物力。

以最早爆火的东北不夜城为例，东北不夜城是梅河口市以国风古韵，结合关东文化最新打造的夜间游文旅项目。你能想象到，如此火爆的项目竟然只用了17天的时间就打造完成了吗？从2021年4月8日作出修建东北不夜城的决策开始，4月13日正式开始修建，到"五一"横空出世，只用了短短的17天。

17天，在很多地方也许只能完成项目的决策，然而在梅河口，这么庞大而又具体的工程已经全部完成。如果没有政府的牵头和协调，相信很难做到，东北不夜城从项目的建设上已经形成了一个奇迹。

并且，在项目的运营过程中，政府积极做好疫情防控工作，没有层层加码，处处盘查，尽量减少社会面的影响，保障项目可以正常开放，从而让游客得以顺畅出行，这也是非常重要和关键的因素。

所以，文旅项目要想成功，要想创造一个奇迹，政府对项目的支持和执行力度是前提条件，也是决定因素！

三、新一代的不夜城来了，已经彻底跳出了原来街区的模式，向主题化+沉浸式+商业+文旅综合体靠近

由锦上添花设计的"明月·山海间"可谓新一代的不夜城的代表，青岛区域位置独特，东临黄海，环绕胶州，远望日韩，曾是秦始皇求长生不老药的仙地，也是汉武帝经常巡游之处。崂山和黄海构筑了青岛独特而浪漫的气息，关于山海的传说也增加了青岛的神秘。据《山海经》记载："玄股之国在其北，其为人股黑，衣鱼食鸥，使两鸟夹之。一曰在雨师妾北。"其中"雨师妾"，即青岛城阳一带。历史文化名城青岛，就像是一部现实版的《山海经》。基于此"明月·山海间"，以山海为意象，以《山海经》为主题，以绿水青山为意境，以青岛优质IP为导向，打造出了一种全新的不夜城模式。

"明月·山海间"是一处以精致国潮文化为主线，打造"街区+游乐园"相互配套的文旅模式，是全国第一个《山海经》主题特色街区。正在颠覆传统旅游模式和运营理念。新一代的不夜城不仅具有模式的可复制性和迭代升级能力，也具备了主题化特色，以及更强的盈利能力。

"明月·山海间"位于青岛市城阳区，占地面积32亩，规划建筑面积8000平方米，以《山海经》神话经典为依托，融入国潮文化，以"白天+夜晚"的运营思维，并结合青岛地域山、海、城的城市风貌特征，按照建设有中国特色、地方特点、国际水平步行街的总体要求，打造"街区+游乐园"相互配套的文旅模式。通过街区游览、民俗体验、美食品鉴、情景互动四大卖点，建立起集"食住行游购娱"闭合式消费产业链于一体的新一代夜经济文旅街区模式。

青岛"明月·山海间"不夜城区别于其他不夜城的五大升级创新：

1.从场景化升级到沉浸式+场景主题化

市面上现有的各类不夜城，无论是西安大唐不夜城，还是梅河口东北不夜城，都是注重场景的打造。虽然在场景中也有很多的在地文化，但是从项目整体本身来说，却缺乏一个明显的主题。即：现有不夜城打造的场景具有文化属性，但是却没有统一主题属性。

而"明月·山海间"，无论是整个大场景，还是里面的小景观设计，均采用以《山海经》为主题元素，以《山海经》为引领，把青岛的在地文化进行附

加。项目形成了一个统一的大主题，更有当地文化加持。不仅形成了一个独特的旅游资源，还具备当地的市场认知基础。并且设计风格超前大胆，场景打造满足了沉浸式的要求。

2. 从一维平面升级到立体多维化

传统的不夜城街区，大部分采用的是街区一层，商户是一层，布景也是一层，有点儿过于平面化。主要采用的灯光设施就是又高又大的异形高杆灯，最具备视觉冲击力的也是这些灯具和灯光的组合。所以，很多人对这些街区的理解就是"灯具市场"。

而"明月·山海间"采用了一到三层的高低落差，并且把场景布置到建筑物的顶端。视觉冲击力更强。在这里，每个视角，从天上到地下，到处都是场景，随手一拍就是风景，到处都是拍照打卡点。游客在这种环境中，眼睛根本用不过来。

项目采用回字形设计，从外圈主街区到内部广场，"明月·山海间"各类主题活动轮番上演。在这里，您可以和亲友一起来赏夜景、看演艺、品美食。篝火晚会、行为艺术展演和泡泡秀每晚精彩呈现。每日精彩演出，不同季节、多个大型活动，一步一景，流光溢彩，让人流连忘返。

3. 从产品市场化到产品人性化

旅游业是和人打交道的行业，和人打交道，那就必须深入地研究人性，并利用人性的弱点。无论是什么资源，或者是什么高明的市场营销手段，背后都

有很深层次的关于人性的解读和利用。

游客的旅游动机呈现出一步一步不断向上递进的阶段性进程。它显示出个人的需求在行为上的表现：从生物需求、安全保护需求到关系发展和延伸需求，再到特别利益与自我发展需求最后完成或自我实现。游客可以通过旅游行为和旅游活动的实践，进入一个不断递进的"梯级体系"中，从开始的"体验心理类型的快乐过程"，到富有经验的游客"利用旅游去发展各种关系"，最后达到"自我尊重和动机自我实现的目的"。

早期不夜城街区的设计，无论是商户还是场景演艺，都是在文化的基础上，按照市场化的逻辑来执行。而市场化逻辑好处是具备一定的特色和较好的项目转化率，然而却缺乏游客的互动和黏性，在新媒体流量传播方面效果较差。

"明月·山海间"一进门的超大龙宫造型，周边二层的框字形海底景观，六七个美人鱼同时在里面表演，以及4个大型舞台中的互动，这些都是抓住了人性的弱点，具备了非常强的"吸引度""黏度"和游客自发分享的传播力。并且无论是在哪个区域，游客在体验和参观的过程中，实现了景区和游客的交互，实现了利用旅游去发展各种关系和自我尊重和动机自我实现的目的。

4.从流量为王到流量加盈利转化

网红不夜城最大一个特点是引流能力特别强，年游客量基本是百万甚至千万级。然而，饱受市场争议的是有这么大的流量加持，在消费收益方面却存在短板，游客消费能力太差，平均消费只有十几元到几十元，这个消费能力，作为投资方是不会满意的。根据这个收益状况，整个项目的投资收回年限需要八到十年，而项目的市场生命周期能不能达到十年，还是个未知数。所以，在选择这个项目的时候，大多是政府或者国企，主要考虑的是社会综合效益和市场影响力，而对项目本身的盈利能力，就不再有奢望和要求。毕竟"一街兴一城"，从算大账的角度来说，还是非常值得和划算的。

而"明月·山海间"采用的"白+黑"模式，不仅拉长了营业时间，增加了游客接待量，还增加了几十种二消项目，全面覆盖吃、购、娱等各种消费需求，大大增加了项目的收益。此模式除了保存原来的优势之外，还可以将项目的回收周期缩短到3~5年，大大降低项目的市场风险。

5.从单一街区到文旅综合项目升级化

传统与现代相融合的商业文化，潮流游乐、美食饕餮、高端体验、风尚原创、民国风情、娱乐休闲等业态汇聚青岛"明月·山海间"。彻底摆脱了早期不夜城的"灯光+小演艺+小商铺"的初级版本，转向更成熟，更精致，盈利能力更强的文旅综合体的升级。

大型舞台4处：采用传统与现代相互融合，创意与艺术激烈碰撞，气势恢宏、科技感满满的夜游大型舞台，运用多种高科技互动技术，打造光影秀、音乐秀、特色网红打卡项目。以光影活动、演艺活动、互动活动、主题活动的多元展现构建文旅新目的地，为游客提供一个真正具有烟火气息的国潮街区。

17个行为艺术舞台：青岛"明月·山海间"以传统《山海经》文化为内容活动基础，搭建17个行为艺术舞台，结合完美的灯光夜游体系，以及各类互动打卡装置美陈。实现景区与游客零距离接触、零距离互动，游客的体验感、参与感十足。

20组娱乐设施：拥有迪斯科转盘、神州飞碟、梦幻陀螺、火麒麟等20组娱乐设施。既可以体验高科技带来的刺激，又能够挑战最原始的热血与勇气；既惊险刺激，又能寓教于乐，无论什么年龄段，都可以找到属于自己的乐园。

拥有近100名专业演员：为游客奉献年约400场次的主题演出、花车巡游等行进式演艺文化盛宴，为游客带来强烈的视听冲击与体验。

100多家街区商铺：通过融合"娱乐业态+餐饮"的全新模式，引入收益更丰厚、紧跟热点的网红娱乐业态、游客更喜欢的网红娱乐业态以及具有强体验属性的休闲娱

241

乐业态：剧本杀、狼人杀、唱将台、打卡屋、探险屋、VR体验、密室逃脱、发泄屋等有场景、有参与感、体验感、趣味感的业态。打通场景和内容，增强消费者体验感，让消费者获得更立体的体验。

"明月·山海间"将用一场"最正宗、最梦幻、最传统"的时代文化盛宴，筑梦山海神话传说，开启流光溢彩、热闹非凡的新画卷。一座中国文化商业旅游新地标正在冉冉升起。

未来，以不夜城为符号的文旅商街需要的不是商业本身，而是一种在基础需求满足的前提下，为游客提供更丰富的精神需求和文化体验。

需要根据文化主题对街区动线、场景设计、情景互动、产品融合、核心吸引物、经营手法等各个方面进行系统性的研究和创作。加强文化注入、文化表达和文化氛围的营造，使文化与商业兼容，才能真正为文旅商街赋能。

　　时代的改变，产品的升级，伴随的还有游客需求的升级。深度体验游时代，文旅商业需要更加注重主题文化的提炼和表达，才有可能真正抓住游客的心，激发游客消费的欲望。相信不夜城模式还会根据市场情况进行不断升级，而创新和满足游客需要，将会是永恒不变的主旋律。

第二场

VISITOR CENTRIC
新文旅爆火的核心
以游客为中心

选自"景区营销实战派"公众号

244

随着夜间经济的快速发展，锦上添花文旅集团以本土文化为主线，以游客为中心，为旅游资源赋能，推动文商旅融合发展，打造夜经济产品。

其创造的"轻资产不夜城点亮文商旅地"模式在全国的影响日益增大，自东北不夜城之后，陆续打造了"南宁之夜"、大宋不夜城、木兰不夜城、青岛"明月·山海间"、"天山明月夜"

不夜城、"象州梦幻夜"等十余处文旅街区，皆开业即爆火，客流量持续递增，整体效益成果显著。

轻资产不夜城模式不同于传统的不夜城模式，传统的不夜城模式依靠重资产、重投资、重运营的方式，其本身面临着巨大困难和严峻挑战。譬如市场竞争加剧、贷款筹资困难、投资回报周期长、资本压力过大等。由于其本身的灵活度有限，所以更像是一个拖着巨大的壳缓慢前行的蜗牛，这并不是一个健康文旅发展的方向。或许短期的流量收益会让其成为一段时间的焦点，但由于企业经营成本高、投资大、利润回报率低等缺陷，长期以往，则将积重难返。

锦上添花文旅集团秉承常变常新的原则，深耕在地文化，汲取民俗特色，并不只是简单地依靠炫酷的灯光和标新立异的造型取胜。因此，锦上添花打造的文旅项目深受消费者信赖，获得市场广泛好评。

自锦上添花文旅集团打造的文旅项目火爆以来，全国各地模仿者众多，但没有一个能成功的，原因何在？

所谓内行看门道，外行看热闹。很多人参观完东北不夜城等项目后，认为不夜城无非就是灯杆、灯笼、灯光、小吃、场景、演艺等，简单至极。故而，很多旅游决策者依据自己所看到的表面现象依葫芦画瓢，结果画虎不成反类犬。

看似简单的不夜城其实蕴含深刻的市场逻辑以及产品逻辑，所谓灯杆、灯笼、灯光、小吃、场景、演艺等，只是不夜城的冰山一角。正如文旅专家孙震老师所说，网红文旅街区类不夜城是原有主题街区的一种升级，是一种文、旅、商、地等多种元素叠加的新文旅业态。

只看到这种表面现象者并未洞察不夜城的本质，也没有抓住不夜城的核心，所以失败是难免的。根本来说，不夜城不是简单的夜生活娱乐场所，而是体现文化和民俗的文旅街区，通过多层次的文化元素和民俗体验，才能真正留住游客，引领不夜城走向成功。

不夜城不等于简单的夜市

简单的夜市、餐车广场、地摊经济、商业小吃街等是初级的夜间经济形态。不夜城模式早已越过初级层次，跨界文、商、旅，成为带动区域经济发展、展示在地文化、实现三产联动等方面的城市夜经济地标及文化展示窗口。

夜经济是一个城市活力、经济、文化最好的展现舞台，一个城市的夜经济是否能激发人们在夜晚的出游欲望和消费动力，将很大程度上构成该城市的核心竞争力。在这点上，夜市的体量和构成不具备成为夜经济重要的发力点，也无法弥补城市文旅产业的短板。

以餐饮小吃理解不夜城，认为通过轰炸大鱿鱼、湖南臭豆腐、螺蛳粉、大串红栁烤肉等就能打造一个不夜城，其实是本末倒置。因为游客并不会舍近求远到景区品尝家门口的小吃。

不夜城不等于灯架、灯笼等装饰物

东北不夜城等文旅街区之所以能够迅速出圈，正是因为锦上添花文旅集团在设计方面做了最顶层的夜经济设计，最终才有了顶尖的夜经济形态。

很多人在参观完东北不夜城，将目光聚焦在牌坊牌楼、灯架、灯杆、灯笼等装饰物上面，认为只要仿造一样的街区设计、一样的装饰物就可以达到和东北不夜城同样的效果，结果"模而不像"，弄巧成拙，悔不当初。

所以，同行务必谨慎对待不夜城，万不可盲目抄袭，出现类似于多年前古镇热时期的千城一面、千镇一面的现象。

不夜城不等于酷炫的灯光

酷炫的灯光并非不夜城爆火的充要条件，单一的灯光元素并不能给不夜城带来实质性的消费市场，没有商业的灯光秀最终只能落得一地鸡毛。

灯光只是实现夜经济的一种载体和手段，并非有了灯光，就有了夜经济，或者说，并非灯光越酷炫，夜经济越繁华。

不夜城不等于花车走秀

Z世代消费者的需求是国潮，是文化认同感。传承优秀的中国传统文化是当代人的使命，在文化自信的今天，生搬硬套国外的东西已经不大现实。

因此，对于国外流行的花车，以及由此产生的餐车文化和花车文化，将其引入国内，实际上并没有多少文化认同感。艳丽的花车在售卖产品的时候，其塑造的场景力绝对是不够的。

用花车做夜市，或者认为花车就是不夜城，效果可想而知。在图省事、简单和方便的同时，也种下了缘木求鱼而不得要领的因果关系。

不夜城要想博出位，要想出彩，就不能将流于表面的花车作为重点布局的对象，而是要追根溯源，扎实地做在地文化研究和客群调研，深入大众做文化沉淀。只有拥有了文化积累和用户画像，才能做出自己的特色，传承优秀的文化，才能让不夜城成为人们口耳相传的爆火文旅打卡地。

"不夜城"是有机结合的化学反应

不夜城是各种因素的汇聚，而不是单一品类的贯穿。美食、演艺、节事、建筑设计等，只有将其有机地结合在一起，才能产生化学反应，从而将不夜城推进到一个新的高度。

锦上添花文旅集团打造的各处不夜城项目，作为中国夜经济项目的典范，无一例外受到央视等重量级媒体的多次报道。其重中之重是文化的激活、创意的实施、极致的场景、游客变演员的沉浸式感受。

本着对结果负责，对行业负责的态度，希望大家谨慎投资，切勿盲目抄袭。抄袭看上去简单，实则危险系数极大。"愚者沉沦，智者自渡"，海水退去，最终知道谁在裸泳。

面对热点和新物种，急功近利、人云亦云只会在创新乏力的现实下力不从心。值此之际，只有沉下心来思索符合自己景区的专属IP，思索如何将运营前置的思维恰到好处地嵌入其中，不断创新迭代，制造出属于自己的"吸引核"，才是文旅景区完成自我救赎的不二法宝。

249

第三场

DIVERSION OF PROJECTS
不夜城不是低端夜市
而是引流好项目

中国旅游品牌创意大师 全国创意联盟副理事长 阮灿如

　　不夜城模式的夜经济其实跟低端的夜市经济和夜灯光没有太大的关系。东北不夜城之所以把夜市经济和夜灯光巧妙地转化为不夜城夜经济，是进行了一套行之有效的文商旅的行业跨界。

　　东北不夜城迅速让文旅行业变成了商业行业，锦上添花认为

　　不盖房子一样可以做旅游，并且在2021年打造的东北不夜城项目中也得到了证实。17天打造出来的东北不夜城，并没有盖大规模的建筑，而是运用了场景思维，用了旅游客最希望看到的旅游业态解决了问题，实现了巨大的客流量。

　　在国内经济内循环的大趋势下，"夜游经济"已经成为众多城市高度关注与发展的重要项目。中央和地方政府不断推出发展夜间经济的支持政策，全国各城市纷纷亮起"夜游"新名片，夜游市场已经成为城市经济新的增长点和发展动力。

不夜城不是夜市，夜市没机会

　　不夜城的模式不是简单的夜市、餐车广场、地摊经济、低端商业小吃街。

　　为什么这么说呢？现在很多所谓的不夜城和古镇古街古国在重资产投资后，大搞建设，为了及时回收成本，没有注重文化IP的植入，造成了客流量萎缩。在此情形下，亟待解决的问题应该是创造属于自己独一无二的核心吸引物才能打翻身之仗。

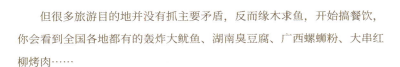

　　但很多旅游目的地并没有抓主要矛盾，反而缘木求鱼，开始搞餐饮，你会看到全国各地都有的轰炸大鱿鱼、湖南臭豆腐、广西螺蛳粉、大串红柳烤肉……

　　而且价格都不低，究其原因是为了快速回收成本，结果是游客不买账，试想，我在别的景区都吃过，为什么大老远跑你这里再吃同样的食物？

不夜城不是夜灯光，这不是充要条件

　　不夜城绝对不是单一的夜灯光，夜灯光跟旅游没有太大的关系，至少不是充要条件。

　　很多城市在搞大规模灯光亮化，很多景区动不动花几亿元去做灯光，结果连三十天都没有坚持到就关灯大吉。

　　城市搞几公里的夜灯光，甚至很多城市把一座山点亮来突出灯光，让游客免费去看，结果花了大价钱没有客流，电费入不敷出。

　　所以说，夜灯光跟夜经济没有什么必然联系，灯光秀只是一种载体和手段，而不是充要条件。

ACT 4 NIGHT FUTURE

第四幕

夜未来

不夜城究竟是什么？不夜城打造的重中之重一定是运营前置！

运营前置的核心是由专业的运营团队对项目策划定位、场景设计、施工建设、商业业态进行优化整合，一切以结果为导向。贯彻"谁对结果负责，谁有决策权"的理念，项目主线明确，关键环节高效落地。为什么要运营前置？因为运营才能对结果负责，运营最了解市场一线的需求，运营最了解业态落位的需求，彻底转变重前期、轻运营的观念。项目运营方需要丰富的实战经验，具有商业、营销、演艺、推广全体系的操盘能力及强大的资源支撑。文旅运营不能是多个团队的拼盘，一定是多要素为一体的整体打造。把前期的策划规划、中期的建设和后期的运营管理同时一体化考虑，形成闭环，运、策、设、建同步，整体整合才是保证。

美轮美奂的建筑，留住游客的"眼"

"东北不夜城·城市舞台"项目位于梅河口市现代服务业示范区朝阳路（山水夜市），以打造东方民俗深度体验游目的地，和中国最具山水乡愁韵味的城市旅游基底为目标，改造提升传统景区功能，全力推动文旅融合发展。梅河口市将夜间经济与城市文化深度融合，来打造的夜经济文化旅游街区。

东北不夜城在商业价值上，整个街区的单体商户在整体商业流水中创造着一个个惊人的销售数字；在文化价值上，东北文化元素，深入人心，街上的身穿古风的男女，仿佛置身古代，以古韵为美的审美已经深入东北不夜城的每个角落。

在综合价值上，东北不夜城街区的打造，实现了东北不夜城的华丽升级，为周边的商业构建和文旅业态的完美结合树立了良好风范。同时，产生了良好的社会口碑，实现了很多的综合价值。

美陈演艺精彩纷呈，留住游客的"念"

立足东北吉林梅河口、面向全国，以精致国潮文化为主线，汇集古风古韵、关东风情、现代文化、互动美陈、智能夜游、衍生文创、景观打卡等诸多元素，打造具有鲜明地域特色和古风文化氛围的复合型商业步行街。

东北不夜城重新定义街区沉浸式演艺，游客即演员，让游客在游玩过程中，能够参与到活动之中，真正做到了沉浸式游玩，让游客觉得好玩，有趣。

东北不夜城整个街区95个爆品业态中，为了饱满，

刚开始填充业态的急迫心理在所难免。根据运营方多年的经验和退出机制，可优化产品的质量，尽可能将体验性的强的产品与游客多方位互动起来。

网红美陈打卡点极尽颜值与体验调性，设计构建超乎想象。篝火晚会，少数民族团队表演与沉浸式体验挂钩，快闪于街区之间，为游客带来强烈的视听冲击和切身体验，舞龙舞狮、高空演艺等交替表演。

琳琅满目的美食，留住游客的"胃"

东北不夜城步行街对于梅河口来说，无疑是最具魅力的地方。这里聚集了最具人气的商业，与周边的文化馆、图书馆、科技馆、体育馆、规划馆等形成链条，渗透着厚重的历史文化符号。

全国各地美食星罗棋布，绍兴新派臭豆腐、广东肠粉、烟雾冰激凌、酸辣粉、鲜榨果汁、炒米粉、锡纸花甲粉等百余种美食交互登场。

在街区的业态布局中，特别是饮食的品类较为特殊。在东北不夜城中，美食的种类丰富，品类搭配也相对和谐，做到了"一店一品""一店一色"。

　　据了解，东北不夜城的美食品类由30%当地特色小吃，30%省内爆品美食以及40%全国网红产品组成。

　　在融入现代元素后，这条街更加充满魅力，风光无限。同时，与山水广场、爨街美食城、海龙湖形成旅游动线，成为拉动城市活力，促进经济发展的重要引擎，点亮了梅河口，点亮了东北。

丰富的节事活动，留住游客的"心"

　　2022年7月23日，东北不夜城主办的第二届东北泼水节在海龙湖隆重启幕，再次引发关注，流量爆棚！短短四天时间引流30多万人次，一举成为品牌节会，在东北乃至全国有了广泛的影响力。

　　梅河口举办的"第二届东北泼水狂欢节"盛况空前。在不断将文

化活动和文化节日打造成为专属东北不夜城的文化IP中，傣族热舞，活力四射，现场人头攒动一片欢腾，本地游客外地游客纷至沓来，大巴车停满了广场。此次泼水节不仅开创了"东北举办泼水节"的先例，更让东北不夜城知名度大步提升，在文旅界火爆出圈。

丰富的节事活动促进了旅游与文化在更大范围、更广领域、更高层次上的深度融合，增进了旅游和文化资源的有效整合。

推动引领把文化作为旅游发展的核心价值原则贯穿到旅游发展规划、旅游项目建设、旅游商品生产、旅游宣传促销策划等旅游工作的全过程。在不同景区推出不同特色、不同内涵的文化旅游产品，大力建设文化旅游主体功能区，以文化的活力强化旅游发展的源动力。

257

第四场

PASSENGER FLOW DETONATOR

不夜城就是客流量"引爆器"！

中国策划研究院旅游分院副院长　秦智勇

不夜城，已几年啦！你在担心它能火多久时，它已走过五年以上啦！就连"后起之秀"东北不夜城由锦上添花文旅集团服务也已快三年啦！（备注：2021年4月开始打造，5月开街）

真的是：在你的关心与担心下，它正在长身体呢！你担心它火多久，它每年游客量增长呢！比如东北不夜城2021年开业当年实现客流量408万人次，2022年疫情影响下还实现了客流量420万人次，2023年已超过2022年客流量，预估轻松突破500万人次呢！

2023年感觉是不夜城的"小爆发年"，这个产品处于快速成长期的初期。每个月都有新开业的不夜城商业街项目，其中锦上添花全链服务的已开业的就有12个（到年底预估达到20个以上），每一个新开的不夜城，都做到了"开业即火爆"。

一组组公开的数据为证："南宁之夜"不夜城12天客流量实现100万人次，22天客流量突破200万人次，49天客流量达到300万人次；青岛"明月·山海间"不夜城自6月30日正式开城以来，每日平均客流约2.4万人次，8月初首届泼水节启幕后，日均客流攀升至约4.3万人次，10月1日晚上三块场地上客流量达到10万人以上；乌鲁木齐"天山明月夜"不夜城28天客流量突破100万人次，提前完成第一阶段客流量"对赌目标"……

文旅界与城市运营不得不承认一个事实：不夜城已成客流量"引爆器"！我得加一句：锦上添花文旅集团全链服务不夜城则是客流量"持续引爆器"。

为什么这样说？

首先"给我一个来的理由"，锦上添花服务团队给出的理由很充分且强有力呀！现场实况就是佐证。没有什么特点，就是人多！流量是一切商业的基础！

坦白说，你要是在现场，肯定会情不自禁凑这个热闹，至于为什

么自己会如此？去一趟现场你自然释怀啦！就像去看演唱会或参加音乐节，你到了现场，就会不自觉地跟着音乐、和着节拍扭动起来，这就是场景的魅力。

锦上添花擅长场景打造。

其次，运营不夜城有一个秘籍，就是要善于活动营销，把现场情绪价值最大化。数个央视报道、自媒体刷屏的不夜城商业街，都有一个共同特点，"每月有主题，每周有活动，逢节必大办，天天有惊喜"，如此有味又新鲜的场景，能不流连忘返、下次再来吗？

有味是故事与场景，新鲜是业态与节目。这方面，锦上添花太擅长了。比如青岛"明月·山海间"关于《山海经》故事的解读翻译与美陈展示，还有美人鱼和鱼灯节呢！比如"南宁之夜"的泼水节、民族文化周以及电音节，"象

州梦幻夜"的首届摸鱼抓鸭泼水节以及国潮周······

接着，是招商选商培训商户共同成为场景里的不同角色。不夜城就像一场秀，有故事有情节更有情绪，有主场景有分镜头，有主角有配角。

从宏观上看，整座不夜城就是一个场景；微观上看，店铺就是场景，店员就是演员，服务就是体验。在不夜城现场的每一个人相互陪伴，沉进场景中、浸入情节里。

锦上添花采用的招商法则有"商户三条件""美食三结构（3：3：4）"等。商户三条件，即有强烈的投资需求，或经营需求；有一定的资金实力；还必须有对资金的一种控制能力。美食三结构，即全国美食占比30%，本省美食占比30%，本地美食占比40%。

同时要求招商人员"换位实操"，站到客户的角度思考问题，自己就是一个经营者，就是一个投资者，懂餐饮

261

运营，这样才能准确把握客户的心理诉求，知道客户的难点和痛点，有的放矢地为客户制定解决方案。把客户视为合作伙伴，推心置腹、共同进退，这样才能赢得客户的信任，建立稳固的商户资源。

锦上添花确保招商成功，质量与数量兼顾，品质与品牌兼顾。

最后，运营最为关键的是执行力，各种想法、各种策划的落地执行能力。锦上添花经过数个项目的磨合与锤炼，已经拥有一支"笨鸟先飞、专业死磕，敢于创新、追求完美"执行力超强的团队，书写着一个个奇迹。比如17天东北不夜城开业的神话，比如38天"南宁之夜"从无到有的传奇……

这是锦上添花最大的资本，已成公司核心竞争力。通过现象与业绩总结执行力有三个层次。

第一个层次"干就是啦"。千里之行始于足下、万事开头难，只要起步，就是成功的开始。这其中"统一认知、抢

占先机"太重要。锦上添花对不夜城模式研判后，确定轻资产模式，强化与政府平台公司互补合作一起开发项目。比如与东平湖文旅集团合作，联营机制运营出奇效；再比如与广西旅投的合作，在郊区一片空地"拔地而起"不夜城……

第二个层次"边干边思边学边迭代"。在前进中提升，在迭代中健全，在积累中爆发。这其中"把握节奏、与时俱进"太关键了。锦上添花对不夜城产品，在两年多的时间里，迅速从1.0迭代升级到3.0。比如青岛"明月·山海间"就是3.0的典型代表；比如东北不夜城二期开街效果更好；比如木兰不夜城"西市里"与《梦回大魏》提档升级吸引力更强……

第三个层次"全力以赴精益求精干好每一次"。在每一个项目上积累，在每一个细节里提升，在每一场活动中精进。这其中"及时复盘、打磨匠心"太真实。锦上添花运营对赌机制不仅是给投资方、合作伙伴的"定心丸"，更是逼自己"用匠心、做精品"，对市民和游客负责，不辜负时代。比如青岛"明月·山海间"内测第一天已火爆出圈儿，也要连续内测20多天，做到万无一失"零瑕疵"……

263

执行力是快速开业的保障，执行力是运营对赌的保障，执行力也是锦上添花完成业绩的保障。

2023年9月在"2023（第六届）中国经济大会"上，西安锦上添花文旅集团荣膺"2023年度经济十大影响力企业"，这就是"行动在哪里，收获就在哪里；心用在哪里，风景就

夜经济新模式

轻资产不夜城点亮文商旅地

在哪里"。

    把夜经济作为拉动内需、恢复和扩大消费的重要途径，是疫情后经济发展从上而下的重要引导与关键举措，一座座不夜城就是最好践行与最佳佐证，尤其是锦上添花文旅集团与各地政府一起打造的客流量持续火爆的不夜城商业街项目。

    夜经济的帷幕才刚刚拉开，让我们拭目以待，更精彩的正在路上。

SUSTAINABLE NIGHT ECONOMY

夜经济如何做到 "经久不衰"？

选自"智汇"公众号

近年来，随着人们的旅游需求与消费习惯逐渐发生改变，文化产业与旅游产业的融合打开了一个全新的世界，不夜城火爆全网。

2023年双节期间，锦上添花文旅集团参与策划设计运营的12个轻资产不夜城：山东青岛"明月·山海间"、广西广旅"南宁之夜"、山东东平大宋不夜城、武汉木兰不夜城、吉林梅河口东北不夜城、新疆乌鲁木齐"天山明月夜"、新疆伊犁特克斯县"盛世华疆·八卦城之夜"、山东临沂灯火兰山新琅琊、宁

夏沙湖不夜城、广西"象州梦幻夜"以及花月荟、欢乐荟个个火爆异常，客流总量近680万人次。中央电视总台对这些不夜城报道累计18次。

"精准定位+大众心理"，同时融入"文创、科技、流行、互联网"等诸多元素，借助大数据营销手段，以"传统文化+时尚元素"形成的强烈反差，"不夜城"系列让人眼前一亮。

地域化产品抓住了消费群体的需求点，以城市为核心，辐射周边区域，打造出了食、住、游、购、娱等于一体的多元化文旅消费场景，在文旅行业刮起了一阵"风暴"，强势登陆各大城市，点亮了城市夜生活，推动了夜经济的发展……

自2022年4月梅河口东北不夜城项目大火之后，2023年武汉木兰不夜城、大宋不夜城、广西"南宁之夜"等项目陆续开街，一经推出，瞬间火爆全网，个个顶流，令人叹为观止。在丰富人们娱乐生活的同时，也活跃了地方经济，大大提升了城市的影响力和知名度。

这些年，许多地方一直在推动旅游经济升级转型，并打造出了文旅小镇、休闲街区等项目，但是并未达到预期效果，甚至还出现了一些烂尾项目。然而锦上添花文旅集团倾力打造推出的"不夜城文旅街区"项目，剑走偏锋，创造出了一个又一个奇迹，值得业内人士深思。

　　古代文人墨客比当代人更会享受生活，感受自然之美，古诗有云"昼短苦夜长，何不秉烛游"。古代夜生活已十分发达，现代社会自然也离不开夜经济，夜间生活的繁荣能够拉动夜间经济消费，逐渐成为各大城市的共识。北京、上海、广州、深圳、西安、郑州、成都、重庆、杭州、南京等城市也都在夜经济上下足了功夫。

　　当下，夜经济成为热词，夜经济的繁荣程度也能够充分体现一个城市的开放、活跃度，更是衡量城市软实力的指标。

热门地标点亮城市

　　目前，国内已经有许多相对比较成熟的夜经济模式，如，西安有着诸多文化名片，让其古都地位不可撼动；武汉的木兰不夜城也让许多游客慕名而来；广西"南宁之夜"让越来越多的人知道南宁这座美丽的城市；东北不夜城更是成为全国旅游热门打卡地。

　　不难发现，这些项目的成功都有城市文化品牌加持，深入挖掘城市文化内涵，只有能够代表城市的个性文化，才能为夜经济的发展提供源源不断的动力。

夜经济消费特征

夜经济的消费群体主要是当地居民和游客，其对扩大就业、拉动消费有着重要的影响，夜经济已经和群众夜生活融为一体。夜间旅游是为了满足群众的精神文化层面需求，是由文化活动与文化消费组成。夜间旅游经济多以文化产品为主，包括了文化创意、文化娱乐、休闲产品等。

夜间旅游消费具备较强的文化区块特征，因文化爱好、消费层次不同，文化消费主题也有一定差别。如电影艺术、餐饮市场、文化娱乐等都有着较强的主题性。因此，必须准确把控旅游经济特征，合理布局，确保需求与供给相适应，才能够确保夜经济的健康和谐发展。

多元化核心

多元化是夜经济非常突出的特点之一，"文化+旅游"是当代旅游的主流，夜间消费新业态、新场景、新产品不

断涌现，夜经济逐渐呈现多元化格局。夜经济的内容更加丰富，消费主力、消费类型、消费环境也发生了巨大改变，夜间旅游备受大众青睐。面对游客不断改变的需求，只有不断整合升级夜游产品，提高夜游产品的丰富度与体验度，才能实现可持续发展。

注重产业链更新迭代

如今客群逐渐年轻化、高端化，游客的消费需求发生改变，单一结构产品很难得到市场认可。因此，必须要确保夜间消费产品丰富多样化，优化餐饮、购物以及演艺等各项服务，构建聚集型夜间产品。依托图书馆、电影院、博物馆、公园等载体，建设文体消费型夜间聚集区产品，依托街道里巷、闲置场所，建设生活型夜间经济聚集区。

完善配套设施

无论是餐饮、休闲区域从业人员，还是消费者，都离不开便利的公共交通，这是必须要注意的细节。从游客的需求出发，注重设计服务细节，合理规划路线，各项安全设施，构建应急机制，延长公共交通运营时间，为游客提供安全、便捷的夜游环境。

269

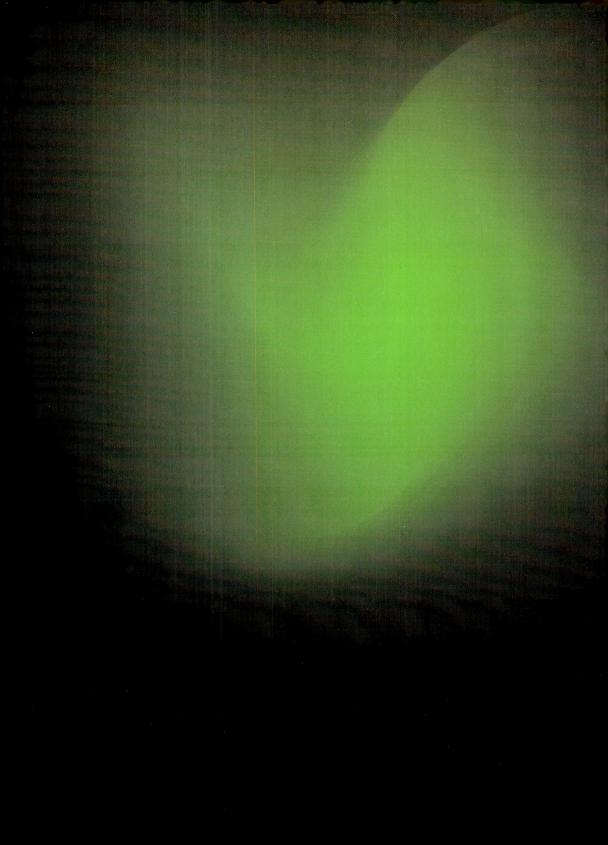

夜拾零

第五幕 ACT5

NIGHT CHAT

时代呼唤多元，时代呼唤个性。

在跨界深融的文旅迭代语境中，传统文化资源、属地生活与现实经验相对，开创、建立当代夜经济的话语体系，成为文旅企业家们的责任与使命，也必将成为中国新文旅的时代之梦。

本幕以刘磊与联合国世界旅游组织专家贾云峰先生的四篇对话为主体，分析由现象构成的市场消费趋势，关注"轻资产不夜城"这一类新物种出现的时代背景与价值，记录那些促进中国夜经济发展中的人与物。对于未来他们并不制定明确的相关政策与标准，而是坚信开放性的思考与实践，梦想与现实终有一晚会相遇，迎接充满希望的黎明。

访谈/Interview

贾云峰　　　　刘磊

访 谈 者：联合国世界旅游组织专家　贾云峰

访谈对象："轻资产不夜城"总设计师、锦上添花文旅集团董事长　刘磊

访谈地点：锦上添花文旅集团北京总部

访谈时间：2023年7月22~23日

访谈背景：夜经济最早诞生于20世纪70年代的英国伦敦，作为一种解决城市空巢现象而提出的经济学概念，作为现代城市新消费形式快速蔓延到世界各地，纷纷形成具有地方特色的大众消费主义。它以特有的夜色美学成为人们主要休闲活动，构成了一种全面现代化的崭新商业形式，也是一种新文旅的表达。

中国夜经济源于汉代夜市，逐渐形成现代夜商圈，到如今的"夜间集聚区"，夜经济已成为"十四五"国家重点发展战略，更成为疫后"激发新一轮消费升级潜力"的重要举措。

"城市聚场经济学"一词源于疫后刘磊主设计建造的"轻资产不夜城"，贾云峰先生对于其形成的"极速拉动的消费现象"模式之总结，即一种"大众夜消费主义的真相"。疫情期间"轻资产不夜城"降临在神州大地，并创造一批本地独有的"夜色"实践，兼具新文旅"品牌效应"和"产业效益"，以它强大集聚能量重新定义和描绘疫后消费迭变的现实。

第一场

THE EMERGENCE OF URBAN AGGLOMERATION ECONOMICS

城市聚场经济学
的萌芽

新文旅时代的到来

贾： 非常高兴在你们刚乔迁过来的北京总部再次见面，上次我们一起合作的"2023中国城市品牌突破发展高峰论坛"举办得非常成功。利用这次《夜经济新模式》图书的再度合作机会，我想和您聊一聊疫后中国的新文旅市场，以及您打造"轻资产不夜城"商业模式及背后"城市聚场经济学"的衍生与创新。

刘： 好的，首先非常荣幸能够请到老师做客我们新居，我们感到蓬荜生辉。多亏您一直以来的指点，提出的"城市聚场经济学"理论让我们"轻资产不夜城"被更多

274

人知道，为全国各地夜生活锦上添花，得到游客们的喜爱。因此今天我们这场关于"不夜城模式"的这样一个全国性的新文旅运动的探讨，将是一次非常有意义的对话。

贾：是的，过去疫情给我们文旅业造成严重打击，但同时也是一次得来不易的"自我调整"的内省机会。伴随过去30多年的急速发展未及时解决的"积瘤"、面对新消费人群带来的整个消费市场的颠覆性改变，文旅业该何去何从，上至国家管理部门，下到文旅企业景区都在不断思考与调整作战方式，2023年所有的生意都值得重做一遍。那么我们先来聊一聊疫后整个文旅行业具体发生了哪些变化好了。

刘：火爆的"五一"过去了，按照文旅部数据中心发布的数据，5天期间，全国国内旅游出游2.74亿人次，恢复至疫前同期的119.09%，实现收入1480亿元，恢复到疫前同期的100.66%。远距离旅游也大幅增长，各种排名纷纷出台，形势一片大好。但我国旅游市场真的已经复苏了吗？

贾：这个数据看起来真的很诱人，仿佛又能给文旅业带来极大的进击信心。但我们简单算一下，其实"五一"期间人均花费才540元，这还是在远距离旅游大幅增长的情况之下。这个"五一"，旺丁不旺财。虽然一些头部企业都在涨价，但是巨大的财务成本，加上运营成本，很可能是图了个热闹，赚了个寂寞。

另一方面，旅游者预期变高了，但实际供给质量却没有想象得好，付出还不少，这将进一步影响旅游消费的后劲，"五一"这把瘾过完了，反而对后续行业增长动力存疑。

刘：是的，所以最近行业一直在热议"新文旅"是不是个伪命题，是因为人们消费疲劳，并且以本地为主。这让很多专家都在思考新文旅项目的最终导向给人们带来怎样的价值？

我认为新文旅讲究的是用户价值，换句话理解就是以用户为核心为其带来五感的体验。只要项目抓住用户共需要素，用户就不会产生疲劳，并且用户会给予新的反馈为新文旅带来新的价值。就好比"钻石恒久远，一颗永流传"抓住了女人心，就把握住了市场的价值导向。

所以能够称为新文旅的项目一定是做的用户的第三空间，除了工作、除了家里，用户在做其他事件选择时候最先选择的是你。

比如锦上添花打造的东北不夜城这个案例，我们也是根据节日定制一些创新的体验场景，老用户自然也会有新体验。所以说，创新不仅是创造新东西、新玩法，有一种大概率是新方法做老事情。

贾：说得很好，旅游从出生就有离开熟知的叛逆基因，所以我们在策划设计中，必须以开放态度融合其他门类，又时刻对自身的局限性与短暂成功保持警惕，有对自我模式与套路进行颠覆，保持活性的自觉与勇气。

刘：老师总结得精辟，就像很多人觉得休闲度假旅游已经取代传统旅游成为旅游市场的主流，但其实不然。

眼下的中国，有近8亿人就没有条件出去旅游，因为他们囿于经济条件，不得不与长途旅游绝缘。2020年李克强总理在全国"两会"后的记者会上披露，中国是一个人口众多的发展中国家，我们人均年收入是3万元人民币，但是有6亿人每个月的收入也就1000元……对于我国大多数农民而言，连去过省会城市的都不多，更不要说开展长途旅行活动。

中国式现代化是人口规模巨大的现代化，是全民共同富裕的现代化。伴随着农民收入的增加，他们也将产生旅游需求，而这部分人的旅游需求仍然以大众旅游方式为主，仍然喜欢走走看看、争相拍照打卡，他们的消费观念依然会比较保守，很难一开始就跃迁到休闲度假时代。

所以我们的产品一直是以下沉市场为主，沉入三四线城市的小镇乡村，以"家门口"的短途游为核心带动居民的旅游空间与生活空间的折叠。让居民不用出门就能看到线上城市爆火的网红项目，潜移默化中影响了当地居民的旅游审美和消费方式，让"高质量的休闲空间"不仅属于城市游客，而是沉浸到每一位乡村居民的生活周边。

贾：疫后"2.5（辐射半径）×2.5（度假产品）"的周边游成为度假热潮。相关数据表明疫情前，我国国内游有60亿人次，其中70%的旅游半径不超过300公里，属于周边游的范围，疫情来了之后压缩到100公里。"小而美、近且全"的不夜城产品模式满足了这些游客的消费需求，更深层次的内涵背后是塑造与提升了消费者能力与出游习惯，重新调运本地产业资源的释放，"不夜城"因此也赋予了旅游业突破生机。

同时对于新兴旅游目的地的构建方向来说，"主客矛盾"一直是悬在所有旅游目的地头上的达摩克利斯之剑。当地人与游客之间的微妙关系，并非简单的"暂停""暂让"就可以实现共融共生的。这是一种需要巧妙把握的平衡，是很多旅游目的地都需要破解的难题。

"不夜城"让"高质量的休闲空间"沉浸到每一位乡村居民的生活周边的建设理念，很好地为旅游目的地建设提供了一个范本。旅游目的地的建设不仅是以游客为中心，更要与当地居民生活方式融为一体，将本地居民转化为游客更能促进当地文旅的可持续发展。

刘：是的，同时本地居民的加入还能促进文旅项目与外来游客之间的友好循环。当前Z世代等新兴年轻旅游群体的出现，彻底改变了以往以"单一景区"为主要吸引物的旅游方式，而是转向全域旅游。景观之上是生活，我们现在的旅游不仅要看风景，还要体验异地的生活。

《光明日报》曾有一篇报道，2023年"五一"旅游市场正在起变化，为了躲避汹涌的人潮，安静、清闲地度假，"反向旅游"逐渐在年轻人中兴起，一些非著名旅游小城，走入了人们的视野，凭借着没那么拥挤、消费不高和可以"说走就走"的特点，成为新兴的"冷门好去处"。以螺蛳粉闻名的柳州、"宇宙的尽头"铁岭、"两万块钱一套房"的鹤岗、石油小城克拉玛依，正在成为这波反向旅游潮流中的热门目的地。

未来，拥有本地生活的旅游目的地将拥有游客，基于景观之上，一些具有生活味道的旅游目的地将会逐步被发掘。

贾： 这些年轻人的消费行为也一直是我重点研究的课题，随着"95后"成为消费主体，他们的行为非常有趣也极有挖掘价值。随着"恰饭专家""小众挖掘机""资深躺客""出片特工""国际野人"等新身份的解锁，年轻人与众不同的消费需求也不断创造市场的"新奇特"。

前段时间网上发布一份关于《中国Z世代夜间消费行为研究报告》显示，"融合消费"成为年轻人消费的主要特征。他们更喜爱将食、购、娱、游、体展和演等物质和文化结合起来的"沉浸式消费场景"，而不只是几个烧烤店或奶茶店。赢得年轻人才能赢得天下，场景也因此成为我们文旅策划的突破风口。

刘： 是的，每个时期都有风口，比如餐饮风口、互联网风口、新能源风口等，面对风口我们需要足够的冷静，因为稍不留神就有可能错过，成为一个过客。文旅也一样，之前的特色小镇、田园综合体、旅游演艺能活下来的寥寥无几。在我看来所有风口一定想好应用场景，你的底层逻辑决定了你的差异化。

文旅当然也要链接新的风口，比如国潮、元宇宙这些当下流行的元素。我们打造的东北不夜城应用这些元素最大特点或者让用户有着最大体验感一定是在线下。

好多人说当下大环境大家活得都太虚拟了，难免出现"你在手机这头等他有空，他在手机那头等你主动"，其实就是因为没有提

279

供一个让他们沉浸体验的线下空间，而这个空间需要用大的场景给他们带来立体沉浸体验，这也是"新文旅"的主要特征。

贾： "新文旅"，它不同于传统旅游，实际上是适合当下年轻人生活消费观念的，更注重场景感、沉浸感和氛围感的大休闲产品。

刘： 所以夜经济是需要链接夜文化、夜文化需要连接夜场景、夜场景需要连接夜体验、夜体验才可打通夜消费。夜经济是个系统性工程，需要点亮的不是物理空间而是人文体验心智空间。如果只是从单一层面理解这个问题显然形成不了夜经济。

景区要想取得大流量就要赢得更大心智空间，其中策划定位必不可少，流量是会裂变的，让景区迅速博出位。景区运营要搞清三个为什么是很关键的。

首先为什么来？文旅项目的战略定位就是差异化，在文旅项目运营中，"求同"是大忌，谁模仿、谁抄袭、谁一成不变，其结果就是被市场淘汰。齐白石曾讲过："学我者生，似我者死。"这个意思就是说你学我可以，但是你是在借鉴我、学习我，如果你只是一味地模仿我，而你自己没有创新，你是永远无法达到我这个水平的，你这样做只能逐渐走向消亡。

没有自己的东西是走不长远的，我们的每个项目都在自我创新，看得到的外表绝不是机密，内在的你可能永远学不会。现在文旅项目好多讲千城一面，仿唐、仿宋等一些外观差不多的文旅为什么没有游客呢？所以文旅项目比的不是基建。

再者什么时候来？夜经济是大趋势，夜间消费是白天的4~5倍，引流策略要学会换位思考，与游客共情能力很重要，游客想看什么，愿意看什么，怎么产生口碑效应，那就需要打动游客的心，有了心动就有了行动。

最后是和谁来？内容决定了吸引的人群，"80后""90后""00后"每个人群的喜好都有很大的区别，千万别一概而论。我们要做的是小而精，众口难调，但是根据特定人群的内容植入才会有奇效，才能让众口可调。

贾： 每个时代都有"新一代"的消费者，在不同时代中有不同的诉求和特征表现。小众影响大众，边缘影响主流。在数字时代，兴趣与体验成为青年消费者更加关注的因素。其实这些因素早已有之，如今通过数字化、社交媒体的显微效应而更加明显。

村上春树在小说《舞！舞！舞！》中这样描写夜色的降临，"天色渐暗，犹如被一把黛蓝的刷子反复涂抹，一笔接一笔，最终变为夜幕。"夜晚的感性总会让人们产生一种特定情绪，一种关于时间状态的沉醉感。

可以说，不夜城将"快乐"带进中国人的夜生活，它催生出更"高级"的夜间社交场域，从空间营造到场景营造，再到为满足人群更多样和高阶需求而"前置"打造的各种消费环境和细心服务，为人们的"夜间情绪"提供多样化的缓解方式。

在我看来，"不夜城"应运而生，您和您的团队用刷子反复涂抹，就像是一群"送光的人"，从月亮那借得的那一缕光，绝不会是没有意义的。它真的可以驱散前路上本来朦胧的迷雾，同时愿意将这一缕光送给更多人，自己也是照亮人间的月亮。

刘： 非常感谢老师的认可。

DECONSTRUCTION OF URBAN AGGLOMERATION ECONOMICS

城市聚场经济学
的解构

"轻资产不夜城" 自带网红流量

贾: 近期,传闻迪士尼有望落地武汉,此前成都、重庆也曾传闻将引进中国第三个迪士尼。

多年以来,各地一直将招引大项目作为文旅发展的重要法则。不可否认的是,类似于迪士尼、环球影城这样的现象级文旅综合体项目,对地方的文旅产业必然会带来极大的促进作用。但我们也看到,截至目前,迪士尼只有香港和上海落地,环球影城仅在北京,均位于一线大城市,其消费者强度不言而喻。对于大多数城市而言,大项目并不意味着有足够的消费市场。

您如何看待行业内这种"高投入与高回报失衡"现象?

刘：2021年5月，我们仅用17天就建设完成了东北不夜城，后续南宁之夜、大宋不夜城、木兰不夜城等项目的成功，激励我们团队致力于"夜经济"的传播和创新探索。我们100多人用了整整三年的时间，走访了700多家政府机构和企业，经过不断的研究琢磨，开创了"轻资产投入+低成本运营""不夜城点亮文商旅地"全新模式，研究出一套完整独立的品牌理念和全新的运营逻辑。

我所策划运营的东北不夜城被评为首批国家级夜间消费聚集区，更是在两年时间内登上央视十多次。"南宁之夜"开业五天内登上央视四次；大宋不夜城开业一周登上央视五次；木兰不夜城等多个项目也多次荣登央视……同时多个项目也一跃成为各地区域代表性夜经济作品，客流量顶级产品，受到了各界领导及群众的一致好评。

如今锦上添花文旅集团"不夜城"系列已经发展到第三代产品，相较于前两代产品，具有更丰富的客流保障体系，对土地性质更少的要求，以及更快的建设周期和更少的投资成本。

文旅项目要因地制宜，高投入并不意味着高回报，短平快的项目往往更具有效果。

贾：是的，引爆品牌其实一点也不难，我的策划原则就是"少投资、新奇乐、短平快"，但它并不意味着草率与片面，而是要保持系统性的思考能力，所以您能系统介绍三代"不夜城"模式吗？

刘：当然，"不夜城"1.0的主要特征在于：多、快、好。

您上面提到的迪士尼是我们"不夜城"的1.0模式，传统的旅游模式需要达到12个闭环，然而迪士尼并没有严格按照12个闭环去规划迪士尼乐园，仅仅是依靠IP便获得大量游客。因此，在夜经济1.0模式上，锦上添花对标美国百老汇做了两件事：第一，运用灯光，正所谓"灯光一亮，黄金万两"。第二，在演艺上，夜经济1.0模式讲究"一人兴一城"。中国的传统景区演艺是舞台剧形式，游客等于观众。舞台剧形式需要重投资，演艺的演员在百人以上，人数过多。同时，露天演艺又受制于空间与天气，一旦刮风下雨，演出便中断了，失去盈利的能力。锦上添花打造的演艺可由一个人完成，节约成本的同时又让消费者形成记忆点。不倒翁小姐姐，一个姑娘创造了上亿的流量，让多少自媒体望尘莫及。但是1.0模式有一个缺陷即成本过高。

贾："多快好"怎么解释呢？

刘："多"代表流量多、增益多。东北不夜城17天创造奇迹，当年5月1日开街，截至同年10月8日，累计游客量达到420万人次，单日最高客流38万人次，日均游客量1.5万人次。同时带动梅河口酒店业爆满、带动餐饮业井喷、带动地产业升值。

"快"代表创新快、落地快、回报快。当年4月8日东北不夜城设计方案通过，4月13日进入施工期，4月30日开业彩排，从进场施工到开街运营仅仅用了17天的时间。广东、江苏、陕西等10余省同时采买各类物料，实现当月设计、当月施工，当月运营。

"好"代表体验好、内容好、效果好。东北不夜城单个节庆活动抖音浏览量60万+、东北不夜城话题播放量3000万+、相关话题播放量2000万+、央视新闻及主流媒体高频次报道、省内外知名景区和有关单位30余批次参观考察，以及世界旅游城市形象大使中国组委会走进东北不夜城，文旅部授予梅河口市东北不夜城项目"第一批国家级夜间文化和旅游消费集聚区"。

贾：那么你们在前代产品的基础上进行了哪些改革呢？

刘：首先在演艺上，讲究"一街兴一城"。在空间上，我们不再搭建过多的"硬"建筑，而是采用铁皮房的模式，拆、装方便，不受土地性质约束，建设周期短，可在短短几天内从旧地块到新地块的搬迁，实现快速战略转移！这大幅度缩减了成本，真正做到"多、快、好、省"。

贾：把握时间就是把握市场、把握商机、先机，市场唯一不变的是一直在变。2.0的核心在于"省"，它体现在哪些方面？

刘：我们一直奉行"低成本战略"，快速落地、引爆地区经济、深挖市场需求、解决核心问题。包括实施全过程，从不夜城街区不做建筑、专注人气的"投资省"，到"不夜城"自带流量，"网红经济+文旅经济+夜游经济"，同时解决"流量"与"留量"，运用自身影响力和游客网络传播，从而成为流量洼地的"营销省"，最后是我们仍然对后续产品进行迭代升级的"运营省"。

贾：2.0不夜城已经能够满足目前市场的大部分需求了，3.0时代又怎么能实现自我的更新与突破呢？

刘：第三代不夜城把握疫情后时代的城市更新、夜经济发展等政策导向，将街区大型活动作为常态化实施。以传统文化为内容活动基础，运用裸眼3D、无人机群、全息投影、数码画布、生态互动等技术，打造光影秀、音乐秀、特色美陈和网红打卡项目，以光影活动、演艺活动、互动活动、主题活动的多元展现构建文旅新目的地。

汇聚当地特色人文及资源，融汇文化娱乐与新业态，以人流客流为发展目标，结合本地历史文化、风土人情、社会生活等，以爆品IP为出发点，将IP进行全新的包装与升级。强调文化铸魂，突出本地特色资源，同时与街区的商业业态形成组合，全新的低成本行为艺术演艺与巡游IP彩车来诠释项目本地文化，结合大量的点状式互动游乐打卡美陈设施，为游客提供一个真正具有文化气息，烟火气息的潮流街区。

第三代不夜城经济体系满足"多快好省迭灵潮播"的现代化新

文旅特征，具有多元化、差异化的夜间消费场景，助推城市IP，带动区域价值提升，带动城市更新。

贾：听说您最近又将不夜城分出两条产品线？

刘：是的，它有两个版本。一是政府版，即"×××之夜系列"。这个主要打造的是中国梦城市舞台。通过低成本战略，快速落地引爆地区经济，深挖地方原住民需求，解决当地文旅核心问题。

另外一个版本是企业版，项目名为"华灯初上亮九州"。在疫情时代下，三四线城市的经济受到了很大的冲击，商业不繁华，商家难做。华灯初上亮九州项目有一个特点，保证开业前即可收回建设投入资金，极大降低投资风险。

贾："不夜城"通过科学化的精细设计一建设一运营，打破传统文旅思维，运用运营前置、高位设计、心智占位、演艺创新、场景沉浸等众多独创性理念，实现了多方共赢，解决居民就业问题、解决房地产溢价问题、带动城市经济的跨越式发展，并实现了当地文旅的可持续性。

但不仅仅这些，听说众多客户愿意与您合作，其中的撒手锏是你们的"对赌"协议，这听起来很有趣。

刘：是的，中国文旅景区很多项目之所以做不起来、导致做不强、做不大的深层次原因是：建设方各个方面协调能力欠缺，直观体现在各个服务商没有统一正确认知和思维导向，团队因此不能实现拧成一股绳，更别说做成一件事了。

除此之外，文旅景区前端的策划、设计、建设和招商等关键环节，竟然没有一个人为结果负责。所以，我们很难看到比如某个项目做得不成功，甲方把乙方诉至法庭的情况。

锦上添花要打破这种文旅界"不对结果负责"潜规则，做一个真真正正为结果负责的文旅企业，从而用实际行动来实现各方利益的保证，为文旅界注入一股清流，真正做到"问渠那得清如许，为有源头活水来"。

比如：2021年4月，我们打造东北不夜城1.0版的时候，17天我们创造了整个东北的TOP热度指数第一名，"点亮东北，从梅河口开始"这样一个顶层的设计就源于我们有一个缜密的对赌机制。我们对赌了260万的客流，用260万的客流反过来去解决所有人的责任心和势能问题，从而达到游客量真正提升，目前我们仅仅用了五个月已经达到了408万的客流量。

贾：一个好的商业模式，拥有它自己的力量和生命，能够塑造出奇迹，一个有技巧的创意也可以将产品原型被忽略的特点表现出来，从而激发人们的欲望，触及需求、挑战、梦想和希望。

人性是策划的万能钥匙，把握好人性，您可以销售任何产品给需要它的人。市场推广不可能使用标准化的流程，要根据战略量身制定一个有效合理的流程，根据产品特点和品牌定位来综合考虑，服务的目标不仅是让游客满意，而是让消费者感动。

THE MAIN BODY OF URBAN AGGLOMERATION ECONOMICS

城市聚场经济学的主体

"轻资产不夜城"的城市效应

　　贾：中国的夜经济最早在20世纪90年代初是以灯光夜市为主要形态，主要围绕"食、游、购、娱、体、展、演"等消费品类展开。后来，新兴业态开始出现，比如酒吧、KTV、迪厅、舞厅等。近20年来，商圈逐渐取代夜市，成为发展夜间经济的2.0载体，夜经济开始走向品质化。这时全国各地也出现一些标志性商圈，比如广州的北京路、北京的王府井、南京的新街口、上海的南京路等。

　　近两年，为大力促进夜间消费，各地开始围绕夜经济打造"夜经济聚集区"，通过鼓励商场发展"深夜食堂"、延长营业时间、探索博物馆夜间开放、丰富夜间文化演出市场和其他消费热点等，串联起夜市、夜食、夜展、夜秀、夜节、夜宿等场景。

建设夜间经济集聚区已成为大多数城市发力夜经济建设的共同载体。广州、北京、上海、青岛、苏州、佛山、昆明等，均明确提出了相关建设规划，如重庆围绕国际消费中心城市提出"1+10+N"夜间发展规划，其中的亮点在于，依托"两江四岸"建成全市夜间经济核心区，在"一区两群"成功创建10个高品质夜间经济示范区，全市建成区域夜间经济集聚区N个，形成全市夜间经济发展"多点开花"之势。

由此看来，"夜间经济集聚区"将成为夜经济从2.0突破进化到3.0的主要载体。"不夜城"汇聚夜游、夜市、夜演、夜娱等多场景，实际就是一个微型的"夜间经济集聚区"，您觉得这种夜间文旅消费集聚区与传统的旅游消费场景有什么不同呢？

刘： 其实"集聚区"这个概念最早就是来源于文旅。2021年文化和旅游部公布了首批120个国家级夜间文化和旅游消费集聚区，指的是依托一定的夜间景观环境，融合特色文化符号、生活氛围和商业业态，能够与区域经济发展融合，具有较强辐射带动功能的综合产业集群。换句话说就是围绕文、旅、食、购、娱等要素系统，依托重点文化设施、旅游景点、城市综合体等，与区域商圈融合发展，打造宜商宜游、大众时尚的多元消费业态。

比较我们的"轻资产不夜城"与这种"夜间文旅消费集聚区"还是有本质上的区别的。我们轻资产不夜城自成一个集聚区，而不是依靠区域已有的商圈进行提升建设。它是一个"无中生有"的产品，我们不夜城选址基本都在城乡接合部、交通不便，周围经济发展相对滞后。但是，不夜城开业后，立即带动了当地餐饮、住宿、零售等服务行业，改善了周边交通、生活配套设施的完善，周边民众就业、收入水涨船高，甚至还提振了当地房地产业的发展。

比如我们6月新开业的青岛"明月·山海间"不夜城，我们将原来的闲置土地改造成了红岛目前最大的停车场。运营期间每日达到1万~5万客流，仅6月就有累计超近100万市民游客到访，已成为青岛炙手可热的话题街区。

贾： 我也正是从"轻资产不夜城"这种神奇魔力中形成了"城市聚场经济学"城市突破新理论模型。"聚"指的是城市产业、人口、服务设施、资金、人才、产业等资源的集聚地。"场"指的是社交场景、娱乐场景、交易场景、文化场景、创作场景的欢乐聚集地，成为提高城市韧性的有力抓手。

城市品牌都是带着温度和故事的产品与场景的组合，不同场景带来不同的附加意义，用故事来诠释理念，进而把品牌融入场景，进行品牌故事化，故事场景化。

城市聚场经济学的第一个效应是"导流"，第二个效应是"留客"。主要手法是利用"新、奇、乐"的街区场景设计，实现"短、平、快"的市场经济效益。

通过"欢乐唤醒"感染用户，引起他们的情感共振；通过"文化活化"呈现本地生活的记忆片段，形成文化的归属感和自豪感。

最大限度地引爆人们的兴趣，触发沉浸式的参与和互动感，使消费者愉快的理解和认可产品。利用无界的场景搭配理念，用场景聚焦带动人群聚集。

聚合夜场景，让剧场式的城市表演、导演主要的文旅设计、本地居民和外来者的情感归宿与创业就业合为一体，产生巨大的磁场吸引力，带来城市深刻变革。

刘： 老师的"城市聚场经济学"与我当初打造不夜城的商业内核不谋而合。不夜城的核心凝聚力来源于它的"微"与"味"，指的是微旅游和味道的逻辑。

多年前我曾提出一套"微旅游"理论，这个"微"不仅指的是时间少、距离短的周边游，而是指集聚"食住行游购娱"的文旅综合体。微旅游就是要留住游客的时间和空间，微旅游火爆的势头已经很明显。目标游客群体的行为轨迹和出行时间决定了旅游项目能不能做成，从微旅游的角度上看，4小时的车程已经决定了项目的命运，因为4小时是人体的疲劳极限，为了增强游客的体验感，在项目的选址上一定要考虑好交通状况和交通时长的问题。如果地方太偏、路程太远的话，开发出来的房子就卖不出去，景区就没人光临；如果交通路况不好，游客的体验感就会大打折扣，最终会导致游客不来。

另外，食为文旅六要素之首，"不夜城"要留住游客就得流出"味"，必须要用味道吸引游客二次消费。我有一次和朋友讨论什么是幸福的话题时，一位朋友说，当你为了吃一碗10元钱的面，愿意花一个多小时驱车五六十公里前往，就是一种奢侈的幸福。

这不光是生理的满足，更是心理的满足，是游客心智上真正体现游客在什么时候是最愿意花钱的？游客在什么时候是最不计较价格的？答案很简单，当他信任你的时候。比如，游客不会觉得在五星级酒店花150元吃一顿早餐太贵，因为他信任酒店的品牌和品质。

贾：美食是我们面对世界的态度，美食是我们专属表达情感，美食是我们远行回家的路标，这也是"为一道菜赴一座城"的内在动力。既然您觉得"味"是打造"不夜城"的首要元素，那不夜城的人流量为什么能够远甩普通夜市好几条街呢？

刘：首先我们"轻资产不夜城"以内容为王，创造极致场景。集本地传统小吃、本地特色美食、传统文化博物馆、国潮清吧、时光咖啡馆、国风文创、非遗工坊等业态为一体，一个能让游客能感

受到"文化自信"的新型商业文旅体验地。包装上更是融合了新国风、数字化、虚拟现实等现代化夜游视听、声、光、电为场景，打造极致的交互式现代化新文旅。

另外，我们会根据市场及客群喜好及时更新迭代，积极更新，保持对游客的持续吸引力。保证文旅项目从网红到长红的良性发展。常态化更新的娱乐打卡装置对于游客的吸引力非常大。好看的场景、绚丽的颜色、有趣的设计、好玩的产品，都是不夜城走在前端的长期核心吸引力，让游客能积极主动地参与进去。抓住游客的心理特征，找准方向，投其所好。

比如东北不夜城刚开业的时候，有几个产品老百姓不太喜欢导致没有客流，当天晚上吊车就过来把这几个产品就吊走了，换了新的产品进来不断地迭代。

所以我们周周有活动、月月有节过，这样就造就了我们有序地循环和不断地健康发展，从而实现真正的文旅的长期主义和不断升维的这样一种结果。

293

贾：这些人流量、浏览量、营业额，宏观上是数据，微观上是一座城万家灯火的延续；结果呈现是文字，过程却是无数人的汗水、泪水、奋斗、失败、梦想、希望和光！

THE EVOLUTION OF URBAN AGGLOMERATION ECONOMICS

城市聚场经济学的衍化

"不夜城+"引导新一代夜尚

贾：纵观全国各地，以"不夜城"为门牌名的产品众多，它已经跳跃出某一产品名，成为某一品类，甚至一类业态的代名词。您觉得"轻资产不夜城"在众多"不夜城"中如何避免"趋同性"？

刘：其实"轻资产不夜城"就是"文化+生活+商业"的简单结构，文化和生活属性是产品的最根源差异。重新结合当下的新包装到打造区域自己城市品牌IP形象，最后达到当地文化复兴，只有文化自信了品牌形象才会越来越根深蒂固。

简单来说，就是每个区域有每个区域的不同文化。人们有一个固有的

认知，认为模式可以复制，这个毋庸置疑，但文化是不能复制的。

锦上添花文旅集团是将城市夜经济与乡村振兴，利用导演主义思维，重新定义街区为导向，专注于特色街区七维空间高维设计，将运营前置的超前思维打造街区，开创对赌客流的全新模式并对结果负责。

文旅需要将文化连接生活化、生活化其实就是每个地方市井生活的场景不同点。最终实现"一街兴一城、一街促百业，焕新一条街，改变一座城"，打造专属于城市IP并具有文化内涵属性的差异化街区。

贾：是的，城市的被尊重，不只靠大项目和建筑物堆砌，而是靠保有独一无二的原住民生活为考量标准。诺贝尔文学奖热门人选克劳迪奥·马格利斯说："文化和历史直接融入世间万物，或镌刻于石上，或化为人们面庞上的皱纹，或体现在葡萄酒和食用油的香味中，或呈现于波浪的色彩。"

"本地生活"设计是不夜城让人铭记的资本和魅力，它是打开一座城市历史文化意义的标签，刻录着一座城市远古今朝的发展历程。不夜城用匠心把生活中的美好精雕细琢，让每位游客市民爱上隐藏在"食住行游购娱"里的艺术，它营造了专属一座城市的新生活美学。"不夜城"夜生活已经成为大众旅游新热点。

可如今面对瞬息万变的大众市场，您觉得下一步"轻资产不夜城"该怎么成为一座城市的"重资产"呢？

刘： 未来的"轻资产不夜城"继续衍生"城市聚场经济学"效应，成为一座城的"资源集聚洼地"。以"大平台"思维，整合捆绑、体验、共享、服务、管理、支付、物联、交互、运营等功能，线上线下共同发力，成就夜经济全产业链行业品牌代表。

面对前端游客，线下持续更新的同时，计划开发线上体验平台，整合各地的"轻资产不夜城"，统归到"轻资产不夜城"总IP下，形成相关产品微文创、地方土特产交易、夜游信息等线上服务。

面对后端商户，开启线上"轻资产不夜城"本地生活服务模式。与不夜城合作签约过的优质商户，通过平台注册，形成一个全国流动的商户资源洼地，结合商户意愿申请，与项目地实际需求，合理匹配，帮助商户的持续性就业。

同时，面对行业层面，树立以"不夜城"为研究核心的中国夜经济发展报告及具备权威性、专业性的传播宣传平台。

贾：这种"平台化思维"其实就是为了成功打造一个相对完善、成长潜能足够大的生态圈。在一定层面上看，它也可理解成"生态思维"或者"系统思维"。

显然，在当下夜经济发展尚元品牌大头的情况下，对此很有必要有一个大的平台牵头苄动起来。同时它也能够为企业的管理模式提供更多的空间和土壤，使自身平台始终能够更具高质量发展，更具核心竞争力，让未来的"不确定"变得更"确定"。

刘：是的，平台化思维，意味着企业的运营不应简单局限在自身企业的范畴，而要在行业、产业甚至更大的发展空间中思考问题。

袁家村把自己打造成"一站式乡村休闲目的地"平台，线上线下发力，成就全产业链品牌康庄老街、小吃街、祠堂街、书院街、关中古镇等项目体现原始风、纯粹风的民俗。袁家村建设民俗村时没有让农民搬迁出去，农民住在原地，不离开家、不离开地，参与村里项目经营。袁家村村委会有创业就业工作服务站，创业就业者可以参加培训班，学习知识和技能，并且有可能得到资金扶持。袁家村既有农村原生态的生活场景，又能调动村民积极性，使特色农产品、小吃、酒吧、咖啡馆、民宿、非遗文创、康体、亲子游乐等业态不断完善。62户286人的村庄村民人均年纯收入10万元以上，吸纳就业3000多人，带动周边万余名农民增收。

贾：与此同时，平台化思维与行业的信息化、数字化发展也是密切相关，高度注重信息化和数字化发展的企

业，平台化作为才能发挥得更加淋漓尽致。

　　刘： 说得对，坚持这种思维，就要加强科技力量的投入，加强消费大市场视野的提升，让更多跨界的技术与精确的行业数据为我们所用，更深层次地加强中国夜经济平台建设。

　　这种思维对共赢发展十分有利，其实目前国内并没有几个专做夜经济的开发或宣传平台，通过数字信息技术，有效整合中国夜经济全产业链，真正能促进整个行业的共赢共生、相互赋能。

　　贾： 夜经济真是一片蓝海，未来可以干的事太多了，

期待您早日实现这些计划，奔向更加广阔的"星辰大海"。

不夜城的故事，关乎财富，关乎欲望，关乎理想，更关乎内心的栖居。它形成的"城市聚场经济学"更是为"经济低迷期"的城市突破"瓶颈"提供了反向思考逻辑。回归本地、回归生活，放大自身特色价值，形成以"不夜城"为核心的内循环系统，引领新一轮的城市高质量发展变革。

因为有了光，我们便不再惧怕黑暗。未来让我们向光而行，让夜晚的每一个角落都充满希望与活力。

299

跋

跋
夜色正阑珊

　　海子在《黑夜的献诗》中写道：黑雨滴一样的鸟群，从黄昏飞入黑夜，黑夜一无所有，为何给我安慰……

　　这也是无数次我坐在北京后海的夜色中，动笔前都会问自己的一个问题："数以千万的人们争先恐后奔赴不夜城，是想倾诉、想放松，还是想宣泄？"

　　"不夜城"这一文旅新物种近些年在各地蓬勃兴起。很早之前我国就有夜市、夜摊或者夜间商场等供人们夜间休闲娱乐场所，但空间布局与商业气氛与"不夜城"截然不同，就像游乐场与迪士尼的区别。

　　"不夜城"一传十、十传百，这几年在全国快速蔓延开，夜经济市场也越演越烈，《夜经济新模式》这本书的创作需求也因此而来。

　　"轻资产不夜城"是锦上添花文旅集团龙头产品，集本地传统小吃、特色美食、传统文化博物馆、国潮清吧、时光咖啡馆、国风文创、非遗工坊等业态为一体的新型商业文旅体验地，巨大的商业价值和品牌效益让它已成为夜经济某一品类代名词。

　　故本书基于近年来具有巨大市场开发价值的夜经济为背景，以锦上添花文旅集团董事长刘磊及其缔造的核心产品"轻资产不夜城"为载体，通过采访刘磊及其团队、不夜城街区运营者及各地游客、政府企业合作方等不同角色，记录下一个企业、一群人在经济下行的大时代背景下，如何绝处逢生、换道超车，最终成为引领市场消费新趋势的弄潮儿。

　　本书分为"夜现象""夜理论""夜创新""夜未来""夜拾零"五篇

章，生动形象地分析了中国夜经济的发展历程及现象特点、市场消费新需求及爆款的具体实施战略、国际优秀案例的开发经验，最后更是详尽介绍了国际专家贾云峰先生与刘磊的主题对谈，全书融合了刘磊及其团队20多年实操落地经验，包括文化占位、高维绝杀、场景智造、低成本战略等众多久经沙场并胜出的战略技巧，为各地政府、投资商、景区、商业街区等开发机构提供了一套行之有效的夜经济打造方法论。

全书图文并茂，使用各地不夜城场地实景图展现出精致恢宏的产品设计，同时贯穿不同角色的实际采访故事，增添语言的趣味与朴实性。《夜经济新模式》不仅站在城市管理者的角度分析了夜经济如何对城市产生综合效益，更从商业角度讲述了商业街区、美食街、餐馆、节庆活动、艺术展陈等不同行业的运营模式，内容由浅入深，系统而具体。

我们以"一本手册"设计出摄人心魄的城市夜生活、以"一本手册"致敬为生活而战的文旅逆行者、以"一本手册"探索中国城市发展的创新未来、以"一本手册"书写中国式现代化的转化路径。

最后特别感谢参与本书采访的"不夜城"游客、锦上添花文旅集团全体员工，以及本书幕后的策划与设计团队全体成员。在大家夜以继日、不顾辛劳的通力合作下，才有了这本书的成功出版，也为中国文旅行业的发展送去一束光芒。我们相信终有一天刘磊的"轻资产不夜城"将以这份微薄的光继续点亮大地、照耀中国。

夜色降临，寻光的人啊，去不夜城吧，那里有你想要的一切。

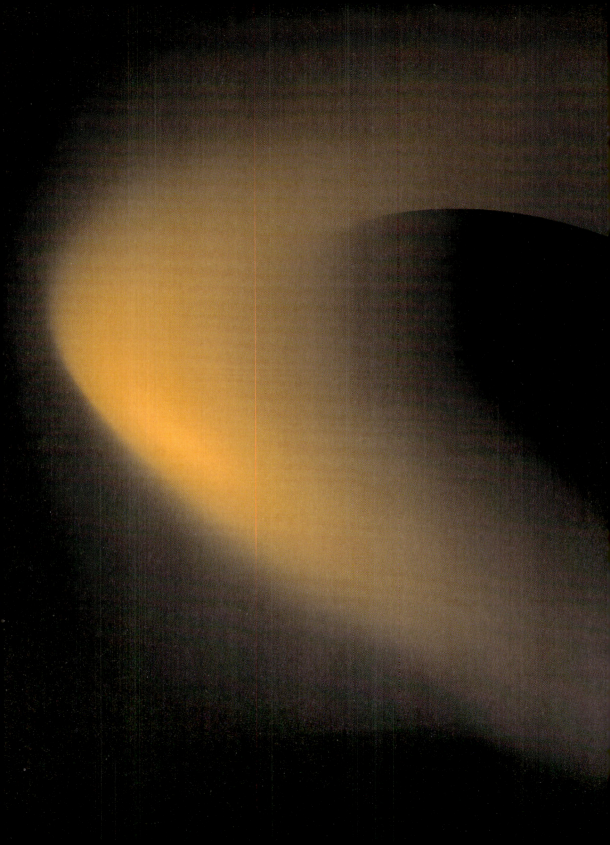

附录

国外案例

FOREIGN CASES

LONDON
伦敦

全球首个提出"24小时城市"战略

国外学者在多年前便提出发展"时域性城市",在空间思维角度之外以时间分段规划城市,充分利用时间作为城市资源发展。日间城市以生产性活动为主,而夜间城市以消费性活动为主。

早在1995年,英国就将发展夜间经济纳入城市发展战略,并将晚6点至早6点间的所有经济活动定义为夜间经济。在英国首都伦敦,打造全球领先的24小时城市已成为城市重大愿景。

自2017年起,伦敦的夜间经济已成为英国的第五大产业,其成熟的运营模式和巨大的商业潜能不仅丰富了人们的夜生活,也为英国创造了复兴城市、增长经济的多元化新引擎。

伦敦的夜间经济规模达263亿英镑(1英镑约合8.35元人民币),约占全英夜间经济总产出的四成,解决全伦敦八分之一的就业,提供了约72.5万个岗位。

酒吧文化烘托全城夜娱氛围

伦敦市市长萨迪克·汗曾说：构建充满活力的夜间景象是全球化城市的文化地位标志，也是该城市能够吸引游客、人才、学生和企业涌入的重要原因。

2017年7月，萨迪克·汗公布打造"24小时伦敦"愿景，阐述了将伦敦打造成世界领先的24小时全球化城市计划，致力于使伦敦成为世界上最适合工作、休息和娱乐的城市之一。

伦敦的夜间经济主要由酒吧、饭店、音乐厅、剧院等组成。遍布大街小巷的酒吧、俱乐部是这座注重"酒吧文化"的城市发展夜间经济的主力军。在伦敦，酒吧是英国人民结束一天忙碌工作后的首选，创造了轻松无负担的休闲生活补充。

同时伦敦夜间经济的发展是建立在漫长的文化传承上。伦敦大大小小的博物馆不胜枚举，也逐渐向公众开放夜间展览。据英国媒体报道，伦敦正在筹建英国首个真正24小时不打烊的博物馆。

如今英国已有不少博物馆每周五延长开放时间到22时，逐渐实现夜间开放。伦敦每年的10月25~27日为一年一度的"博物馆之夜"，大小博物馆会推出不同类型的晚间活动，以展览、讲座、对话的形式展示文化的魅力。

很多经典的"博物馆之夜"都为伦敦的夜生活添上了浓墨重彩的一笔，著名电影《博物馆奇妙夜》就是基于大英博物馆夜晚的情景进行想象创作的。伦敦博物馆馆长莎伦·阿门特说，"博物馆尝试要和伦敦这座国际化大都市一样，变得更加开放"。

伦敦为了保护传统建筑，高效利用城市闲置空间，并在此范围内建起了各种文化新区和商业改善街区。比如考文特花园市集、诺丁山市集和砖巷等，将其休闲功能和其他用途相结合，交叉满足消费者的需求，同时在中心城区之外的其他70多个区域搭建了世界领先的夜间经济文化集群。

成立专门的夜生活管理组织

为了能够打造更安全的夜生活，伦敦市政府还特意成立了夜间经济活动委员会，并专门留出一个公务员岗位招聘一位夜间主管。该岗位要求应聘人深谙英国夜间经济。

2016年8月，伦敦市长首设"夜皇"一职，其职能是"捍卫伦敦夜间文化价值，推动伦敦夜间经济发展和多样化"。同年11月，著名演员、作家、节目主持人埃米·拉梅被任命为首位伦敦"夜皇"。

该岗位的一项重要职责是保护伦敦的夜间经济场所，通过与夜间行业、地方当局、警局、交通局及民众合作，使这些场所顺利建设或保障营业。

"夜皇"还定期对居民、社区团体、企业、议员、夜间工作人员和志愿者等进行寻访，听他们描述对伦敦夜生活的体验。

与此同时，伦敦还设立了夜间委员会，与"夜皇"共同实现"24小时伦敦"愿景。

该委员会成员由伦敦各领域专业人士构成，包括地方议会、商业、音乐、广播、警局、交通及酒店餐饮业相关人士。其主要职能是对伦敦夜间经济进行调研，提出相关政策建议。

政府部门还通过科学的规划来促进伦敦夜经济的发展，一方面积极鼓励当地的商业主体参与到夜间经济中，另一方面和科研机构共同探讨发展与保护伦敦夜间经济的课题，同时致力于解决城市空间布局、噪声控制、治安管理和垃圾处理等一系列问题。

伦敦希望夜间经济全面发展，而不仅限于剧院云集的西区。为此，伦敦市政府搭建了由地方当局组成的"夜间区冠军网络"，以增进各区之间的夜经济交流与合作。

该网络由"夜皇"担任主席，从伦敦各个区选派夜间经济领军人物，每季度由"夜皇"召集会议，听取伦敦33个地方局的建议；同时分享各区夜间经济发展和管理的实践经验，并就伦敦夜间经济的可持续发展、24小时城市愿景及夜间经济影响的管控等提出建议。

此外，伦敦市政府还针对夜间经济推出了"夜间经济基础设施保护""女性夜间安全宪章""音乐场所拯救"等多个专项计划。

以"音乐场所拯救计划"为例，音乐产业为英国经济贡献了44亿英镑，创造了14.2万个就业岗位，而伦敦是英国音乐产业的"大本营"。2017年，伦敦市政府推出了由音乐专业人士经营的《伦敦草根音乐场所拯救计划》，保障音乐产业的发展。

改善城市交通运输系统健全配套

伦敦夏季白昼时长近17小时，这也使伦敦约三分之一的上班族即160万人在晚上6点以后工作，其中交通、货运、餐饮、酒店和文化机构的夜班比例最高；医疗、社会保健、法律、会计和广告等行业的夜间工作人数最多。

尽管有着"元老级别"的多元优势，伦敦仍然面临着越来越激烈的国际竞争，包括巴黎、纽约、柏林、东京和旧金山等，其他国际化都市也在寻求增加夜间服务。

为了给民众夜间出行提供便利，2016年8月，伦敦开通了"通宵地铁"。将夜车使用量增加了170%，其中11条地铁线路中有5条已实现周末通宵运营，而且到2023年将夜间地铁服务扩展到其他线路上。

伦敦市政府预计，至2029年，24小时地铁服务将为伦敦创造约2200个永久性工作岗位，推动伦敦经济增长3.6亿英镑。

不仅如此，为了保证夜间消费生活安全，伦敦市政府专门增加300万英镑预算加强治安，其中英国交通警察部门增加100多名警察，巡逻144个站点。

伦敦如同博物馆里的一个百年文物，多元业态与多样化管理方式的夜生活是它的唤醒按钮，一开闸，博物馆的奇妙之夜开启，整座城市立马鲜活流动了起来。

AMSTERDAM
阿姆斯特丹
重置世界夜间秩序

　　荷兰阿姆斯特丹是全球第一个任命"夜间市长"的城市，并以自由开放的夜生活而闻名于世，最大化保护和提供夜间服务，近一百万人口的城市每年吸引来自全球1800万左右的"夜猫子"。

　　阿姆斯特丹，一直走在全球夜间管理运动最前沿，多年的夜间经济管理经验，它既化解了无限挑战，也探索到了创新方法。如颁发经典俱乐部的24小时牌照；自下而上地为政府、业主和居民举办圆桌会议；颁发新法律，若引发夜间骚乱，不良经营者与骚乱者同时承担重大责任。

　　阿姆斯特丹的夜，既是城市孵化器，也是人们休闲天堂。

世界首个"夜间市长"制度平衡经济与生活

繁华的阿姆斯特丹夜生活一直是各地狂欢者的向往，但随之而来的吵闹肮脏的社会环境很快引来本地居民的不满，一个完善合理的夜间管理制度的建立刻不容缓。

2003年，阿姆斯特丹开创性地任命了首位"夜间市长（Night Mayor）"来监督"晚九朝五"的夜间经济活动，致力于在市政府、（小）企业主和居民之间架起桥梁，建立沟通机制，提出创新的解决方案，平衡行政管理体系和实际操作中场地经营者和艺术家的需求，确保夜生活和城市其他生活的共存。

"夜间市长"实际上是一个非政府组织的负责人，很少掌握立法和监管权。由公众和专家投票产生，受雇于阿姆斯特丹夜间市长基金会，该组织的运作资金一半来自政府，另一半来自夜间营业商家。阿姆斯特丹于2016年举办了第一届夜间市长峰会，与世界各国商讨夜间经济发展模式。

夜间市长所做的正是与夜间人群建立联系，听取意见和反馈。在他的夜间管理期间，其与一批志愿者共同成立夜间管理委员会。

通过电话询问，夜间巡逻以及入市访谈的形式来获取相关人员的夜间体验反馈，他们是城市夜生活人群最好的倾听者。

此外，"夜间市长"在环境的催化下拥有了第二个角色：夜生活产业与政府机构之间的联络人。

通过与政府部门的联络，"夜间市长"将夜生活列入城市规划和建设议程，为所有美妙的夜晚提供可行性的建议，让夜经济得以在满足居民需求的基础上获得更高的经济效益。

在"夜间市长"的领导下，各行各业拥有了科学的管理结构和运营模式，夜生活也得以在安全且稳定的环境下进行。

正如现任夜间市长Ramon de Lima在一篇报道里所说："夜晚的阿姆斯特丹，不仅是一个寻欢作乐的地方。我们的城市并不忽视夜生活产生的困扰，但也并不会粗暴地关掉所有俱乐部，而是试图共同解决问题，更好地展示我们的文化。"

为了促进更安全，更具包容性的夜间城市，阿姆斯特丹通过公众参与的方式，广泛收取居民与游客的意见和建议，以解决夜生活所带来的不利因素，包括噪声、垃圾以及高犯罪率。

首先，对各个区域的居民实施问卷或者网络调查，以便收取居民对于城市夜间安全性以及文化包容度的意见和建议。其次，引用公众参与式的研讨会来提高社区居民，游客以及工作者的参与意识，从而推动地区整体经济的发展。最后，通过具体的干预手段来汇总，解决夜经济引发的问题，使夜间经济的发展可以尽可能地满足大众需求。

公众参与下的城市夜经济是适合每一个人的夜，一个充满能量、可持续、有组织的夜。

最大化提供多元夜生活服务

夜晚的阿姆斯特丹，悄然亮起"Coffee Shop"的粉红色灯箱，桃粉色橱窗里的女郎，人们不带遮掩地呈现着最本能的欲望。而当黑夜褪尽，白日泛起光芒时，那些保留完好的古老建筑里，泛出浓厚历史气息，空气里弥漫的艺术感，让人深深为之流连。

阿姆斯特丹政府坚信，夜间经济可以吸引具有活力和创意的年轻人，增加城市创造力。为缓解市中心夜生活的压力，阿姆斯特丹利用城市近郊闲置的文化空间探索夜间经济新模式。

从传统啤酒屋到时髦小酒吧，以及一系列具有前卫象征的俱乐部，阿姆斯特丹的夜生活提供着多样化的产业模式，推动着城市夜间经济的不断发展。正如世界上首位"夜间市长"米兰所说，夜间经济的兴起，不仅需要有秩序的管理，还应有传统产业的复兴措施以及新型产业的引入计划。

在阿姆斯特丹，政府部门利用政策的引导和资金的投入来扶持本地产业的发展，它不仅是简单的设施引入，还从源头上提高营业人员整体素质开展多样培训。

为缓解市中心夜生活的压力，阿姆斯特丹利用城市近郊闲置的文化空间探索夜间经济新模式，将郊区一所规模庞大的技术学院改造成一个可容纳700人的夜店、一家白天咖啡厅、一家美食餐厅、一家健身房、一间音乐会场地、一家艺术画廊，拥有24小时的经营许可证。

阿姆斯特丹正推动24小时图书馆、24小时工作空间、24小时便利店建设，希望最终形成企业自由决定何时开业和关闭、夜间活动者自主决定夜晚何时结束的24小时地区。

根据英国《卫报》统计，阿姆斯特丹的每年的夜经济产值高达6亿欧元，创造了1.3万个工作机会。

在创造和塑造夜生活方面，阿姆斯特丹通过多元化的经济产业模式，传统产业与新兴产业的结合无疑推动城市夜经济的全面发展，带来了更多的就业岗位，更高的商家收入水平以及快速增长的城市夜经济规模。

合理空间分配引导外来文化

随着城市夜生活的不断发展，阿姆斯特丹夜经济的背后有着专属于这个城市的街头文化特色，比如红灯区、艺术画廊以及小酒馆。传统的街道文化和新兴的流行文化正不断地推动着这个城市夜经济的发展。

基于此，阿姆斯特丹也正通过资金和空间资源的投入，为延续传统街头文化而努力。

他们在街头植入了便民的休憩设施，供临时使用的舞台以及专属的场地，以此来满足不同夜间活动的需求，从而保证街头文化的发展拥有足够的展示空间。

除了传统的城市街头文化以外，新兴文化也不断出现在夜场生活中。从涂鸦到街头表演，再到艺术画廊，阿姆斯特丹专门建立委员会管理机制，职权范围涵盖了活动的时间、形式以及位置，通过这三方面控制和管理来促进城市夜文化的多样性。

除此之外，他们通过对街道空间的合理分配，让新兴文化与传统文化融合，从而让二者能够共同为城市夜经济的发展增添活力。

针对夜间经济的安全、噪声、垃圾等问题，阿姆斯特丹三大夜生活区之一的伦勃朗地区单独建立了商业投资区。市政府要求每家酒吧、俱乐部或餐厅投入资金，启动一个为期三年的政府与私人合作试点项目。

在社区环境治理方面，整个地区晚上11点后禁止包括自行车在内的一切交通工具通行，周五和周六晚9点至次日早6点雇用20名广场管家在街上巡逻，亲切地与俱乐部和饮酒者聊天，温和地提醒外地游客伦勃朗地区的有关规则。道路两旁随处可见"保持优雅，思考邻居，屋内饮酒"和"欢迎游客"的标志。

阿姆斯特丹是以开放活跃的姿态为世界各城市夜经济发展树立了首发范例。摒弃一蹴而就的发展模式，从供给端思考满足丰富深度的文化体验需求，从而更好拉动旅游消费，培养一个既充满活力又安全的"不眠城市"。

第三场

TOKYO JAPAN
日本东京
年轻人的夜间"天堂"

　　东京一直稳居全球城市生活质量排行榜前列，中新社华舆一篇报道显示，日本的"晚睡的人"排行榜中，京都府平均就寝时间为23:34，位居榜首，其次是大阪和东京。

　　东京是世界上夜生活最丰富的城市之一。酒吧，卡拉OK、舞厅、夜总会等都以不同的形式和多样的档次散布在东京的各个角落。"夜间经济"已经成为刺激消费、拉动日本经济发展的重要引擎。

用年轻人喜闻乐见方式打造夜生活

目前，东京已成为日本发展"夜经济"的先驱，无论是纸醉金迷的银座、灯红酒绿的新宿，还是灯火通明的台场、灯光璀璨的六本木，都是年轻人的夜间"天堂"。

夜购： 东京有五大商圈，涩谷、新宿、银座、六本木、池袋。其中新宿车站的利用人数被吉尼斯世界纪录认定为世界第一名：平均一天的搭乘人数为360万人次。高级百货公司、电影馆、咖啡馆、家电量贩店应有尽有。观光胜地中，受到大家喜爱的是歌舞伎町，延续至今发展为有深度文化的街道。即使是到深夜这里也人潮汹涌，络绎不绝，被称作"不眠欢乐街"。

夜宵： 东京的"深夜食堂"得到年轻人的极力追捧。美味的"吉拿棒"、浓郁的"卤味"、特色糖果、独家啤酒等成为夜间满足味蕾的佳品。实际上"深夜食堂"模式不仅可以暖胃解馋，还能进行休闲社交。这部分年轻消费人群不仅追求吃和玩，更追求健康的生活状态，这也使深夜食堂在传统居酒屋、拉面店等基础形态之上，还增加了健康消夜居酒屋、创意美食深夜餐厅等。这些深夜活动，打发了人们深夜里突如其来的饥饿和寂寞，也满足了社交的需求。

夜景： 东京的灯光秀也是一绝。绚丽多姿的"光之阶梯""光之幻彩大喷泉""极光森林""精灵树语"等主题元素吸引着游客们的眼球；投影、AR等科技的运用，将场内渲染得如梦境一般。这些交互式的、有主题性的、有科技感的、有创意的灯光秀无一不渲染着夜间的气氛，吸引游客们前来观光打卡。

夜娱： 涩谷一直是日本流行文化的发祥地，无论白天黑夜，都会聚集大量年轻人或是游客前来"朝圣"。

每年的万圣节，年轻人聚集在涩谷通宵达旦狂欢，规模十分浩大。据说早在2000年，年轻人自发聚集到涩谷十字路口附近举办妖怪变装、动漫角色扮演等游行活动，将万圣节活动从亲子活动发展到大人们也能尽兴欢乐的庆典，从此便成为东京夜间狂欢的一大景观。

自2016年起一直到2018年，参与涩谷万圣节狂欢的人数均超过了100万人。虽然官方举办狂欢的时间只从下午4点到晚上11点，但是狂欢结束后，仍有很多年轻人不愿离开，一直狂欢到旦上。据一项针对关东圈16至39岁男女所做的调查发现，有43.7%的人都曾经在这些节日、活动时在涩谷聚集过。

相比白天的人头攒动，涩谷的夜晚更加躁动，24小时经营的居酒屋、酒吧、卡拉OK比比皆是，而可以聚集大量年轻人还有一个因素，就是这里的夜店、Live House比较多且有名。值得一提的是，涩谷的夜店很多元化，所以在彰显个性的年轻人眼里，总能挑到适合自己的店，比如WOMB、SOUND MUSEUM VISION等都是东京的知名夜店，且时不时会有DJ大咖"空降"，所以这里每晚都吸引着大量年轻人和欧美游客。

本地生活成为新生代吸引力

在日本政策投资银行的一次调查中，在回答"想到东京旅游"的外国人中近半数人表示想要体验当地夜生活。

日本夜经济有一种表现形式就是"横丁"。"横丁"本来的意思是胡同。

在日本江户时代，主干道两旁是不能经营用火的生意的。所以饭店都会开在胡同里面。于是胡同里小酒馆小饭店鳞次栉比，从此"横丁"的含义多了一种"黑暗料理一条街"的意思。

"横丁"在很长一段时间里给人一种上班族大叔和老头聚集地的浓浓昭和时代印象。但是近年来，随着SNS的发展流行，"横丁"的复古感觉则渐渐开始吸引年轻人和外国人的关注。如今，"横丁"里已不仅只有大叔，还有欢快饮酒的年轻女性和外国人的身影。

在这里，外国游客可以体验到普通日本人的夜生活——做着灯笼，吃着烤串和毛豆，喝着独具日本特色的柠檬鸡尾酒（lemon-sour），探寻异域夜生活，给游客带来不一样的惊喜。

官民联手促销费，公共交通开启欧美模式

2017年，日本执政的自民党成立"推动夜经济发展议员联盟"，并提出一份发展夜经济政策建议，具体包括：延长文娱设施营业时间，并在这些设施开设咖啡馆、吧台等；增加烟花、夜间游览船等日式夜间娱乐项目；增加夜间表演、活用霓虹灯光秀；延长地铁公交运营时间，周末实施公共交通系统24小时运营，解禁共享私家车等。

在政府鼓励下，东京地区的新型"夜经济"消费场所、消费模式不断涌现。东京流行文化发祥地原宿一家叫"原宿可爱怪兽咖啡屋"的体验式日系动漫主题餐馆，其主营时间是夜间，三年来已吸引15万人次到访。

还有旅游公司发现外国游客对日本居酒屋文化十分感兴趣，针对外国游客推出了深夜居酒屋巡游团。报团后，游客可以一晚上体验三家居酒屋和酒吧，近距离接触居酒屋文化。2018年，东京王子酒店公司在旗下酒店、文娱设施集中推出夜间娱乐消费项目，以"成年人夜游""夜间音乐会""夜间动物探秘"等活动促进客人的夜间消费。

另外，涩谷区政府专门聘请了"夜间旅游宣传大使"，专门制作了夜间游玩地图，并鼓励旅游公司组织夜间旅游团，新宿区政府组织策划了晚间露天观影会、在公园搭建临时夜间小吃街等活动。涩谷和新宿还联手推出了一种覆盖两区50家餐厅酒吧的夜间消费优惠券，鼓励游客夜间消费。

第四场

BANGKOK
THAILAND
泰国曼谷
世界超级夜市

　　拥有"东方威尼斯"美名的泰国首都曼谷是东南亚最知名的旅游目的地之一，世界各地游客旺盛的旅游需求催生了当地高度发达的服务业，也催生曼谷全方位的夜间经济。

　　国际化的曼谷在2018年连续两年蝉联万事达卡全球旅行目的地城市指数排名之首的城市，并在由中外城市竞争力研究院等机构评选出的"世界十大不夜城"榜上名列前茅。

　　有人说"泰国夜市千千万，曼谷夜市占一半"，夜市是曼谷夜间经济最重要的组成部分，也是曼谷最知名的"旅游招牌"之一。泰国研究机构的数据显示，街边摊为泰国创收超过2713亿泰铢（约合人民币629亿元）。曼谷更被美国有线电视新闻网评为世界最佳街头美食城市。

主题多样的夜市，成为曼谷的全球名片

调查显示，2018年曼谷的2360万国际游客中，约2000万是过夜游客，这一数字领跑全球。

夜晚降临，在曼谷人们有许多选择：到商场或路边夜市购物、沉浸酒吧或俱乐部、到高档天台餐厅或路边摊饕餮一顿、看电影、打保龄、到剧院看演出、参观文化展等，而夜晚路边摊始终是曼谷夜生活的灵魂。

据不完全统计，曼谷大大小小的夜市近百个，大部分都会开到零点，其中河滨夜市、拉差达火车夜市、辉煌夜市等人气最高。夜市是泰国当地人夜生活的传统，大量的外来游客也乐于体验这种随性自由、以吃喝为主的小市场。

全亚洲最大的摩天轮夜市：摩天轮夜市ASIATIQUE是全亚洲最大的夜市，由旧码头仓库改建而成，位于湄公河畔。这里有一个巨大的摩天轮，坐在摩天轮上可以俯瞰整个曼谷风光，壮观的湄公河夜景尽收眼底。这里美食、手工艺品、服饰种类繁多，环境整洁干净。夜晚的金色灯光开启后，梦幻的场景适合游客拍照。

背包客必去的考山路夜市：泰国考山路夜市号称背包客的天堂，电影《海滩》（The Beach）的主角住在考山路的背包客客栈中，吸引了大批背包客前来打卡。这里有许多美食、商店、按摩店、旅行社、Pub&Club，不同于闹区的繁华拥挤，考山路夜市的氛围更加慵懒随意。在这里能尽情享受慢生活，结识那些来自世界各地的背包客，感受他们身上的自由和快乐。

时尚古着风的席琳卡娜夜市：这里是泰国最酷最复古的夜市，古着、老爷车、旧玩具、旧娃娃、古董摆件、旧家具，都能在这里找到。这里还是古董车和古着爱好者的聚集地，种类繁多的古董车和古着店铺让人看得眼花缭乱，绝对不会空手而归。附近还开着很多怀旧咖啡店，里面摆满了各国的怀旧零食和物品，十分惬意。

网红火车夜市Jodd Fairs：整体风格偏小清新、休闲文艺，

夜晚摊贩亮起灯后氛围感十足，设置美食和购物两个区域，种类繁多而且摊位都很有特色。摊位设置和卫生也做得很好，价格适中且交通便利，每天晚上都有很多人来这里放松。

水上夜市ICONSIAM： ICONSIAM是开在商场里的水上夜市，堪称夜市天花板，囊括了泰国特色美食和工艺品。美食既好看又好吃，水果新鲜干净而且种类繁多，香兰甜品是这里的特色，五彩颜色让人很有食欲，靠近就能闻到浓郁的香气，香兰奶糕、西米团、香兰汁、烤松塔、香兰团子等种类应有尽有，游客甚至可以坐在水上坐着小船品尝美食。

夜晚路边摊，是整个曼谷的"灵魂收容所"

夜色微启，推着小车的流动摊贩大军开始占领曼谷的各大旅游热点路段。白天井然有序的大街小巷瞬间变成一个油烟漫天、桌椅凌乱摆放、各色菜肴香气扑鼻、食客挥汗如雨的新天地。

此前为了打造整洁的市容市貌，政府曾考虑取缔曼谷街边摊，但引发了巨大争议。街边摊解决了许多人的就业，是夜经济不可或缺的一部分，政府表示街边摊是曼谷的灵魂，不会取缔，而是对其进行管理及规范。根据泰媒报道，截至2017年，政府已在曼谷的73段街道上规范出合适的夜间街边摊点，惠及超过17000多位摊主。

从2017年开始，曼谷市政府推出以旅游热点曼谷唐人街及酒吧众多的考山路作为试点的街边摊计划，并逐渐推广有效的管理模式。长约600米的唐人街，政府划出在傍晚6点至深夜12点间能在街道上摆摊的地点，并严格规定每个摊位的占地面积。

以前天黑后小摊随意摆放，游客在被摊位桌椅侵占的人行道上比肩接踵、艰难前行的景象已不复存在。

此外，进入这两处试点的路边摊从业人员须通过柜关部门关于食品安全、经营卫生方面的培训并获得许可。政府还规定每个摊位须以泰、英、中或其他语言进行标价。政府还划定了紧急车辆进出及一般车辆停靠的位置。

夜市不只是一窥当地人生活方式的快速通道，更是追求"好吃好玩"的外来观光客必去之地。在发展曼谷的夜经济方面，当地政府秉持着开放包容的管理心态，为愿意付出劳动力的人们提供自力营生的途径。同时也为城市的低收入者提供成本低廉、相对便利的生活，以城市丰富、多元的一面吸引游客，创造更多旅游收入。

曼谷发达的夜间经济，一方面是因为东南亚炎热的气候使得人们更愿意晚上出门，放松白天工作压力进行消费享受。另一方面更是因为国际化曼谷为各国游客积极发展出各式各样极具特色的夜间消费场所，完善夜间经济的种类的同时，丰富多彩的夜生活则继续吸引更多游客，以此形成良性循环。

政府积极牵头，走出"曼谷模式"夜经济

曼谷是著名移民城市，生活成本高，许多公寓没有开火做饭的条件，集用餐、购物、娱乐于一体的夜市正满足了大部分都市人群的需求。开放夜市经营则是泰国政府刺激消费、鼓励就业的一大措施。

同时，政府牵头引入米其林美食指南，将曼谷日常生活中的街边摊打造成驰名世界的旅游产品，推出曼谷街头美食游线路，尤其是一些隐匿在深巷、只在夜间开放但规模不大的地道小吃店。这一做法不仅传播了泰国美食文化，还为街边摊从业者带来更多的收入。

在土地私有的泰国，政府鼓励私企参与经营、管理夜市。以湄南河地标"河滨夜市"为例，近年泰国私营企业租用该处土地，对其进行翻新和开发，使之成为一处文创型夜市。

以河滨夜市为代表的曼谷各大夜市都有成熟的管理模式，

从商店分区、保洁、安全、停车位、配套设施等都有清晰的规划。为了方便游客，河滨夜市提供开放至凌晨的免费摆渡船，在轻轨站旁的码头上接送客人，并提供代叫出租车服务及2000多个停车位。

为了方便投入晚间活动的人们，曼谷的地铁、城轨系统等公共交通设施大多运行至凌晨1点，通往沿河夜市、酒店的接驳船则开至深夜。嘟嘟车（三轮车）、摩托车、出租车等彻夜不息地穿梭在曼谷的大街小巷。

相关数据显示，在曼谷及周边区域营业的嘟嘟车有9000多辆，这些司机们大多是文化水平较低、生活困苦的外府人。便捷的夜交通为曼谷的夜生活提供必要的配套条件，不夜城曼谷则为这些从业者提供了谋生的机会。

另外，泰国全国有超过9000家便利店24小时营业，许多设桌椅，供人休息用餐。在曼谷，这些店铺密集分布在城市的多个角落，为夜间活动的人们提供良好完善的供给。

逛夜市、逛商场、看表演、泡酒吧，在众多游客心中，夜幕降临后的曼谷，才是最有魅力的曼谷。

GOING OVERSEAS ON A CHINESE NIGHT

中国之夜出海

传递美好中国

　　古代中国一直处在文化高地，都向外散发着"大国魅力"，而中国当今流行文化在国际市场仅属于"小众圈"，让世界了解中国，输出新时代的中国符号至关重要。

　　中国IP出海在数量上已颇有规模，但堪称出海范例的却寥寥无几。出海，不仅是中国企业挖掘夏广阔市场的需求，也是国家战略的需要。

"中国之夜"是彰显国家形象的积极符号

根据云南大学研究团队发表的一篇论文《基于夜光遥感的东南亚国家经济发展时空特征研究》，数据显示东南亚经济重心整体向西北方向偏移，2012年与2021年的经济重心相距约476公里。

中国香港英文媒体《南华早报》刊文称，夜间灯光显示东南亚经济重心"转向中国"，中国这个庞大经济体的引力在夜空下生动地展现出来。

从伦敦的"24小时城市"到东京酒吧商业街，从阿姆斯特丹的"夜间市长"到泰国曼谷的"街头夜市"，夜间经济已经成为衡量一座城、一个国家经济、文化与生活水平发展的一把标尺，夜生活也成为彰显地方形象的积极符号。

在全球化发展大背景下，"中国之夜"在锦上添花文旅集团"轻资产不夜城"产品模式下整合并创新表达，通过主动传播与融合叙事的海外输出，向全球大众展现辉煌璀璨、可爱可亲可敬的中国形象，成为当今时代文旅语境下表现中国文化艺术、数字科技、商业经济的重要空间载体。

如今夜经济早已不再局限于餐馆酒吧等传统领域，而是进化成传统与现代、本土与国际、高端与平价多种业态并存的夜间经济聚集区。一个夜空间既是一座城市经济文化的缩影，也是沉浸城市的生活地标。

截至2022年，中国夜间经济规模达378052.3亿元。为了刺激消费，中国各地政府对夜间经济的扶持力度不断加大。从繁华城区到美丽乡村，从食、购到涵盖游、娱、体、展、演等的新场景、新业态、新模式层出不穷，中国夜间经济发展潜能巨大、市场前景广阔。

《2023年中国城市夜间经济发展报告》中展示，中国各城市在夜色笼罩中散发出五光十色的城市夜IP。其中广州以"羊城晚风，老广味道"的地方夜食成为打卡量全国第一的城市；西安以

"大唐不夜，锦绣未央"的夜游产品一直稳坐热搜太师椅；重庆以"8D魔幻，未来都市"的夜行时尚成为无数年轻人"一生必去的城市之一"……

将中国各城市的夜生活依托"不夜城"模式凝结在"中国之夜"产品空间中以物质的、娱乐的、利益共享的方式传播到世界其他国家，结合落地国家文化视角，进行调整、演变与革新，最终形成中国形象出海的"爆款IP"在全球建设运营，创造极高的经济效益与口碑效益。

实施"不夜城出海"计划，以"轻资产不夜城"品牌为核心，蕴含着不同国家、民族意识形态价值观念的交融与碰撞，一定程度上成为中国展现文化形象的重要阵地。

目前，中国产品正向精品化方向出海，中餐、游戏、高铁、中医药等中国符号不断被国外人熟知。"中国之夜"以休闲娱乐方式表达中国符号，通俗易懂，潜移默化中完成对外输出并更新了中国形象。充分的音乐、舞蹈、展陈等艺术空间中，即使在跨文化、跨区域、跨语言的传播中也能迅速收获理解与共情。

"中国之夜"独具特色的中式视觉艺术。通过一系列具有中国色彩的艺术表演、灯光设计、地方美食，或依托乡村、景区景点、城市商业街等，在内容、形式上都呈现出与国际市场其他文旅产品完全不同的艺术特点，可以满足国际受众疲劳的审美需求。并通过与中国城市合作，将地方文化、土特产、劳动力等推向国际市场，进一步增加各区域的"属地自信"。

以商带文、以艺通人，在海外游客所熟知的中华文化形象架构中，注重"中国之夜"的融合叙事形式，以多种视听手段巧妙地将中国经典符号嵌入视觉设计和故事情节中。以"夜食、夜景、夜娱、夜演"等元素为流量密码，用中国风元素进行点缀包装，讲述丰富有趣的中国故事，又展现鲜明惊艳的中国符号。

"中国之夜"商业形式丰富出海文旅题材库，让中国文旅走出

327

中国，不用来中国就能了解中国，是中国IP出海的必要破局之道。切入点巧妙新鲜，润物细无声地展示了当代中国文化、当代中国城市、当代中国美好生活。

"中国之夜"出海实施计划

锦上添花"轻资产不夜城"开发"一体两翼"模式，以"中国之夜"IP为核心体，完成空间、语言、时间的跨越。走出中国，将"轻资产不夜城"的运营模式复制到其他国家的文旅商综合体当中。

锦上添花文旅集团通过成立中国城市与国外友好城市的三方合作平台，实现点对点对接。引入中华美食文创、土特产、民俗艺术等，融合5G、数字化、虚拟现实等现代文旅视听、声、光、电极致场景设计出"中国之夜"文旅商业空间。以下为具体建设思路。

1."中国之夜"国际品牌项目

依靠锦上添花文旅集团在国内的"轻资产不夜城"品牌名声，塑造"中国之夜"国际城市经典落地项目。运用导演主义理念，电影化的布景手法，打造国际美食体验街区、非遗文化创新展示区、艺术景观区、多功能艺术空间集群、国际文化情景研学基地等区域。通过真实氛围营造、语言记忆唤醒、经典名作复原、唯美意境塑造等方式形成沉浸式文化餐饮街区。

2.行为艺术文化博物场馆构建

通过声光电等科技手段，与文旅演艺相结合，通过"行进式演艺+行为艺术演艺+实景演艺"的创新演艺模式，通过行为艺术演艺铸造中国特色、国际标准的原则进行文化活化演绎的"中国大观园"。

3.中国特色地方品牌店铺落地

引入有关中国"夜态"的品牌产品，在项目地进行对接落地，充分利用店内设计陈设、产品挂介、屏幕播映等模式，打造中国特色地方夜文化的沉浸式、场景化氛围体验。

4.“中国风格”美食文化菜市场

建设中国风格的菜市场，主营中国食材，推动中国地方特色食材调料的海外出口。并不定期邀请中国著名美食之城的政府、企业、厨师、美食机构来到当地，开展中餐技能培训、中国食文化教程、中餐具新锐设计等教学。

“中国之夜”是一个文旅IP，接续中国地方传统，并用现代方式表达，兼得商业与文化的双重价值，使中国之外的“中国”不再是传统与魔幻，而是充满人间温情的烟火美食、精致美观的民俗艺术、巧妙震撼的高新科技。

让世界更理解中国，让中国点亮世界。

责 任 编 辑： 刘志龙
责 任 印 刷： 闫立中
封 面 设 计： 崔学亮 石海馨
版 式 设 计： 崔学亮 石海馨

图书在版编目（ＣＩＰ）数据

夜经济新模式：轻资产不夜城点亮文商旅地 / 贾云峰, 刘磊 主编. -- 北京：中国旅游出
版社, 2023.12

ISBN 978-7-5032-7246-2

Ⅰ. ①夜... Ⅱ. ①贾... ②刘... Ⅲ. ①城市经济 - 经
济发展 - 研究 - 中国 Ⅳ. ①F299.21

中国国家版本馆CIP数据核字(2023)第232067号

书　　　　名：	夜经济新模式：轻资产不夜城点亮文商旅地

作　　　者：	贾云峰 刘磊 主编
出 版 发 行：	中国旅游出版社
	（北京静安东里 6 号　邮编：100028）
	http://www.cttp.net.cn　E-mail: cttp@mct.gov.cn
	营销中心电话：010-57377103，010-57377106
	读者服务部电话：010-57377107
排　　　版：	德安杰环球顾问集团
印　　　刷：	北京金吉士印刷有限责任公司
版　　　次：	2023年12月第1版　2023年12月第1次印刷
开　　　本：	710毫米x1000毫米　1/16
印　　　张：	22
字　　　数：	314千
定　　　价：	88.00元
Ｉ Ｓ Ｂ Ｎ	978-7-5032-7246-2
